총을 버리다

지은이 **노엘 페린Noel Perrin**

미국 수필가이자 영문학자로, 다트머스 대학 교수를 지냈다. 작가였던 어머니의 영향으로 글을 읽고 쓰는 일에 깊은 관심을 가졌던 페린은 현대시를 가르치는 한편, 20년 넘게 《워싱턴포스트》에 기고한 글을 엮어 《읽는 이의 기쁨A reader's delight》, 《아이의 기쁨A Child's Delight》으로 출간했다. 그는 한국전쟁 당시 야전 포대 관측장교로 복무했는데, 《총을 버리다》는 당시의 경험과 그 경험으로 말미암은 화약 무기에 대한 관심이 맺은 결실이다.

옮긴이 **김영진**

동국대 사학과를 졸업한 후 동대학원에서 박사 과정을 마쳤다. 《하워드 진 살아 있는 미국 역사》, 《핀켈슈타인의 우리는 너무 멀리 갔다》, 《세일럼의 마녀들》, 《아우슈비츠의 치과의사》 등을 옮겼고, 《토머스 모어, 거지왕자를 구하다》, 《문학에 뛰어든 세계사》를 썼다.

총을 버리다

Giving up the Gun

초판 1쇄 인쇄 2022년 9월 13일
초판 1쇄 발행 2022년 9월 20일

지은이	노엘 페린
옮긴이	김영진
펴낸이	이영선
책임편집	차소영
편집	이일규 김선정 김문정 김종훈 이민재 김영아 이현정 차소영
디자인	김회량 위수연
독자본부	김일신 정혜영 김연수 김민수 박정래 손미경 김동욱

펴낸곳 서해문집 | 출판등록 1989년 3월 16일(제406-2005-000047호)
주소 경기도 파주시 광인사길 217(파주출판도시)
전화 (031)955-7470 | 팩스 (031)955-7469
홈페이지 www.booksea.co.kr | 이메일 shmj21@hanmail.net

ISBN 979-11-92085-55-5 03910

일본은 왜 총을 버리고 칼로 회귀했는가

노엘 페린 지음
김영진 옮김

총을 버리다

서해문집

일러두기

본문에서 옮긴이가 부연 설명한 내용은 대괄호로 표기했으며, 본문 각주는
전부 옮긴이가 달았다. 간혹 원주가 있는 경우에는 [원주]로 표기했다.

아아! 우리는 경종을 울릴 수 있을 것인가?
우리는 문명화하려는 척하며 세상을 태워버리는 기술을
잊어버릴 수 있을 것인가? 과학의 진전이 이루어졌다.
그러나 누가 그것의 후퇴를 알리는 북을 두드릴 것인가?

찰스 램Charles Lamb

시간을 되돌릴 수는 없다.

얼 스탠리 가드너Erle Stanley Gardner

물론 나는 어떤 개혁도 제안하지 않는다.
독가스에서 총으로 돌아가는 것은 총에서 칼로 돌아가는
것보다 더 어렵기 때문이다.

던새니 경Lord Dunsany

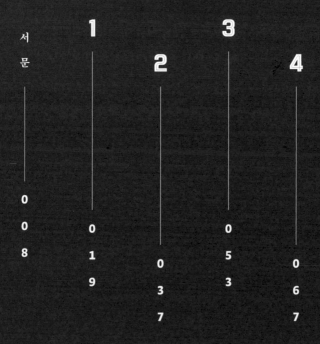

서문

이 책은 역사에서 거의 알려지지 않은 사건에 관한 이야기를 들려준다. 고도로 발전한 기술을 지닌 한 문명 국가가 더 발전된 군사 무기를 포기하고 보다 원시적인 무기로의 회귀를 택한 것이다. 일본은 그렇게 하기로 결정했고, 그렇게 하는 데 성공했다. 이 이야기가 오늘날 핵무기에 관한 세계적인 딜레마와 꼭 들어맞는다고는 할 수 없지만, 적어도 지금보다 훨씬 더 잘 알려져야 할 만큼은 비슷하다.

그 이야기를 따라가기 위해서는 일본 역사에 대해 아주 조금은 알아야 할 필요가 있다. 일본은 대략 서기 8세기부터 고도의 문명과 (산업화 이전 단계의) 발전된 기술을 갖고 있었다. 그 후 850년 동안, 일본은 유럽과는 거의 무관하게 발전했지만 얼마간은 비슷한 노선을 걸었다. 일본은 무장한 기사들이 존재하는 봉건사회로 성장했다. 덧붙여 말하자면, 유럽인들보다 무장 상태가 나았다. 일본에는 기사도가 있었다. 복잡한 종교기관과 수많은 수도원이 있었고, 그들 중 대부분이 성 프란체스코 수도회의 평화적인 전통보다는 성전기사단의 호전적인 전통을 따르고 있었다. 그곳에는 엄청난 부가 있었다. 그곳에는 총이 없었다.[1]

총이 도착한 것은 1543년으로, 일본에 닻을 내린 첫 번째 유럽인들이 가져왔다. 일본인들은 총을 곧바로 받아들였고, 100년 동안 널리 사용했다. 하지만 그 후, 그들은 그것을 차츰 손에서 놓았다. 총이 도입되는 예는 흔했지만, 버려지는 예는 그렇지 않았다. 이유는 간단했다. 1543년부터 1615년까지 외국인들은 일본 주변을 자유롭게 다녔다. 포르투갈인들에서부터 에스파냐인, 네덜란드인, 영국인들이 차례로 교역소를 개설했다. 포르투갈과 에스파냐 사람들은 일본을 기독교로 개종시키려는 시도도 했다. (네덜란드인들과 영국인들은 그러지 않았다) 그들은 초기에 몇 번의 성공을 거둔 후 거의 철저하게 실패했지만, 이는 일본 정부가 유럽 선교사들에 대해 유럽인들의 식민지화 시도의 전조라고 확신하게 된 후의 일이었다.[2] 일본 정부는 통제를 강화하는 일련의 정책들을 내놓기 시작했다. 처음에는 선교사들에 한정되었으나 나중에는 모든 외국인에게 적용되었다. 포르투갈인들과 에스파냐인들은 나가사키시 안에만 머물라는 요구를 받았다. 네덜란드인들과 영국인들은 히라도[나가사키현 북서부에 있는 도시]의 작은 항구에 머무는 것만이 허용되었다.

이런 소규모 거주지조차 일시적인 것임이 드러났다. 1623년, 영국인들은 히라도에 있던 그들의 '공장'을 자발적으로 포기했다. 돈을 잃고 있었기 때문이다. 1624년에는 에스파냐인들이 나가사키에서 쫓겨났다. 그들의 프란체스코회 선교사들을 통제하지 못했거나 혹은 통제하려 들지 않았기 때문이다. 1638년에는 포르투갈인들마저 추방당했다. 소수의 네덜란드인들만이 외국인 고문단이라는 명목 아래 남아 있었다. 다시 3년 후에는 고문으로서의 역할마저 사실상 중단됐다. 일본인들이 그들 창문의 커튼을 내려버렸기 때문에. 네덜란드인들은 일본을 떠날 수 없었다. 그들이 나가사키에 세운 동인도회사가 중국과의 무역에 매우 유용했기 때문이다. 그들은 그야말로 애매한 상황에 빠져 있었다. 1641년 5월 21일, 네덜란드인들은 히라도에 있는 그들의 조선소와 공장들을 포기하고 나가사키만에 있는 데지마라는 작은 인공 섬으로 이주하라는 명령을 받았다. 세로 183미터, 가로 73미터에, 전체 면적은 3700여 평을 겨우 넘는 곳이었다.

연중 단 한 차례의 예외를 제외하고는 그 섬에 거

주하는 네덜란드 상인들에게는 본토에 발을 들이는 것이 허락되지 않았고, 일본어를 배우라는 권유를 받지도 않았다. 그 후 200년 동안 그들은 일본에서 일어나는 일들을 거의 볼 수도, 알 수도 없었다.[3] 그들은 분명 총에 관해 일어나는 일도 알지 못했다.

유럽인들이 처음 도착했을 당시, 일본은 수백 개의 반半독립적인 번藩[에도 시대 지방 봉건 영주들의 영지]으로 구성되어 있었다. 초기 유럽인들은 이런 번의 통치자인 다이묘를 빈번히 왕처럼 언급했다. 엄밀히 말하자면, 그들은 모두 교토의 천황에게 종속된 신분이었다. 그러나 천황의 통치란 독일 신성로마제국의 그것보다도 허구적인 것이었다.

유럽인들이 일본에 있는 것이 허용된 직후 60년 동안 일본은 끊임없는 내전 상태에 있었다. 하지만 이 시기에 세 명의 유명한 통치자가 일본을 점진적으로 통일시켰다. 오다 노부나가가 통일 작업을 시작했고, 도요토미 히데요시가 거의 완수했으며, 1600년 도쿠가와 이에야스는 1867년까지 지속된 안정적인 왕조를 세웠다. (물론 엄밀히 말하자면 여전히 천황에 종속되어 있었다) 도쿠가와 가문이 무너지기 몇 년 전, 일본은 외국과의 교역에, 외국 기술에 강제로 문을 열어주어야 했다. 그리고 그쯤에서 내 간략한 설명은 끝날 것이다. 이후의 일본 역사는 서양에 제법 잘 알려져 있다. 언제나 정확한 해설이 이루어진 것은 아닐지라도.

마지막으로 이야기할 것이 있다. 16세기 일본의 주요한 유럽인 고문들은 포르투갈 출신의 예수회 선교사들이었다. 그들 중 일부는 실로 매우 유능한 고문이었다. 그들은 고등 교육을 받았고, 일본어를 능숙하게 구사했으며, 신중하고 치밀했다. 하지만 그들은 (당연하게도) 종교적인 문제를 강조하는 경향이 있었고, 군사 기술에는 큰 관심을 기울이지 않았다. 그들은 일본에서의 경쟁자들인 승려들이 뛰어난 검객들인 동시에 한때나마 능숙하게 총을 다뤘다는 사실에 역겨운 시선을 보냈다. 따라서 1543년부터 1615년까지의 기간[이는 센고쿠 시대 말에 해당한다] 동안에도, 유럽인들은 전쟁에 관해서는 짤막하고 허술한 기록을 남긴 반면, 오와리[현재는 아이치현에 속한, 옛 일본 지명이다]의 기독교 개종자들이나 교토의 선교사들에게 가해진 제약들에 관해서는 풍족하고 정밀한 기록을 남겼다. 이것이야말로 이 시기 일본에 관한 서양인들의 기억 속에서 기독교 축출에 관해서는 보편적인 인식이 이루어진 반면 화약무기를 포기하기 시작한 것에 대해서는 왜 거의 알아차리지 못했는가에 대한 하나의 해답이다.

총기 사용이 활발했던 시기에 관한 전체적인 사료를 원하는 이들은 당연히 복서C. R. Boxer의 《일본의 기독교 시대The Christian Century in Japan》를 먼저 봐야 할 것이다. 다음으로는, 머독Murdoch과 샌섬Sansom의 일본 역사에 관한 위대한 저서들이 있다. 아마도 그다음 책은 예수회의 주앙 호드리게스João Rodrigues가 1620년에 쓰고, 역시 예수회의 마이클 쿠퍼Michael Cooper가 1973년에 영어로 번역한 《일본이라는 섬This Island of Japon》이 될 것이다. 여기 나열한 책들에서 다룬 것과 같은 역사는 이 책에서 찾아볼 수 없을 것이다. (마찬가지로, 위 책들에서 총을 찾아볼 수도 없을 것이다) 앞으로 쓸 내용에서 나는 거의 전적으로 화약 무기들, 그 외의 무기들, 무기 제조, 그리고 어떻게 특정한 무기의 사용을 포기할 수 있는가에 관한 폭넓은 의문들을 다룰 것이다.

나가사키 만과 데지마 섬을 그린 그림. 네덜란드 선박 두 척과 중국 무역선 여럿이 보인다. (© The Trustees of the British Museum)

총을

버
리
다

1

1855년 1월 초, 미국 해군 존 로저스John Rodgers[*] 중령이 지휘하는 18문짜리 슬루프형 포함砲艦[상부 갑판에만 함포를 장비한 소형 군함] 빈센스 호가 일본 남쪽 끝자락인 규슈에서 20마일(32킬로미터) 아래에 있는 다네가섬 남쪽 만에 닻을 내렸다. 빈센스 호는 새로 창설된 미국 북태평양 측량 원정대의 기함으로, 일본 연안 해안을 측량하는 6개월간의 여정을 막 시작한 터였다. 일

---

[*] 존 로저스는 1852년부터 1856년까지 북태평양 조사 임무를 맡고 동북아시아 지역을 항해했다. 1870년에는 아시아 함대 사령관으로 파견되어 조선에 통상을 요구하며 인천 물치도에서 시위를 벌였는데, 이는 신미양요(1871)의 빌미가 된다.

본인들은 외국인들이 그들 열도 주변을 돌아다니게 놔두고픈 마음이 눈곱만큼도 없었지만, 그것을 막기에는 힘이 부족했다. 그들은 해군력이 부족했을 뿐만 아니라 불과 1년 전에는 페리 제독의 전함에 장착된 64파운드 대포들의 위력하에 '일본의 개항'으로 유명한 가나가와 조약*에 굴욕적으로 조인했다. 이 조약은 측량 권한에 대한 승인을 명시하고 있었다.

1월 9일, 로저스 중령은 일단의 무장 병력을 이끌고 물자를 구입하기 위해 다네가 섬 해안에 내려섰다. 그는 교역을 할 준비가 거의 되어 있지 않았다. 일본어를 할 줄 알기는커녕 통역사도 없었다. 있는 것이라고는 달랑 영중사전 한 권뿐이었다. 그럼에도 불구하고 그는 손짓으로 흥정해 목재와 식수를 마련했다. 또한 그는 원주민, 즉 일본인들이 생활하는 모습을 자세히 살폈는데, 그가 이 섬 주민들에게서 가장 깊은 인상을 받은 점은 그들이 평범한 19세기 무기들에 대해 거의 완전히 무지하다는 사실이었다.

"이들은 화약 무기 사용법을 전혀 알지 못하는 것 같다." 로저스는 해군성에 보내는 보고서에 이렇게 썼다. "내 장교들 중 한 명이 총을 뜻하는 일본어 단어를 알아냈다. 그건 매우 박식한 한 일본인이 동료들에

---

*　1854년 3월 31일 일본 가나가와에서 미국·일본이 조인한 12개 조 조약으로, 이 조약에는 몇몇 도시의 개항이 포함되어 있었다.

게 자기 지식을 과시하기 위해 쓴 말이었다. 어린 시절부터 아이들이 총 쏘는 것을 봐온 미국인으로서는 무기에 대한 이런 무지함이 원시적인 순수함과 목가적인 단순함을 드러내는 예외적인 사례라는 인상을 받았다. 우리는 그것을 망가트리고 싶지 않았다."[1]

보고서를 쓰면서, 로저스 중령은 자신이 거의 다네가 섬 주민들만큼이나 목가적으로 단순한 사람이라는 사실을 드러냈다. 그렇다. 그들은 총에 무지했다. 하지만 그러한 무지함은 원시적인 것이 아니라 학습된 것이었다. 그들 조상은 단순히 총기를 사용한 것을 넘어, 일본에서 처음으로 사용한 이들이었다. 때문에 16세기 중엽 일본에서는 총이 '다네가 섬tanegashima(다네가시마)'이라는 이름으로 알려져 있었다. 그 후 그 표준적인 명칭은 '테포teppo', 즉 鐵砲(철포)가 되었는데, 이것이 아마도 1855년 "내 장교들 중 한 명"이 우연히 들은 단어일 것이다. 그때쯤에 일본인들은 칼에서 총으로 넘어왔다가, 다시 칼로 돌아갔다. 그들은 상당한 크기의 대포를 주조하는 기술을 배웠었지만, 그것을 (완전히는 아니더라도) 거의 잊어버렸다. 16세기 말에 그들은 전투에서 어떤 유럽 국가보다도 많은 총을 사용했다.

하지만 이 모든 사실을 로저스 중령은 알지 못했다. 그는 심지어 자신이 하고 있는 측량이, 이미 1612년에 에스파냐인들이 했던 것이라는 사실조차 알지 못했다.[2] 로저스의 무지가 놀라운 일은 아니다. 1855년에 일

본을 잘 아는 미국인은 없었다. 일본은 아홉 세대에 걸쳐 외국인들에게 폐쇄되어 있었다. 미국에서 가장 오래된 교육기관인 하버드 대학은 1636년에 설립됐는데 사코쿠さこく, 즉 쇄국 정책은 그보다 석 달 먼저 시행됐다. 로저스 중령이 책에서 배울 수 있었던 건 거의 없었다. 설령 항해를 시작하기 전에《미국 대백과사전》을 읽었다 해도, 그가 거기서 얻을 수 있는 것이라고는 일본에 관한 네 쪽짜리 엉터리 정보뿐이었을 터다.《브리태니커 대백과사전》은 좀 더 많은 정보를 제공했겠지만, 그것도 그리 많지는 않았을 것이다. 이 사전은 로저스에게 일본이 '제제스사마Jejessama'의 후손들이 통치하는 나라라고 일러주었을 것이다. '제제스사마'는 의심할 여지없이 도쿠가와 이에야스를 의미했다. '제제스'는 '이에야스'의 영어식 표기이고, '사마'는 경칭이다. 이는 일본 백과사전이 미국의 초대 대통령을 가리켜 '조지 각하Honorable George'라고 부르는 것과 대강 비슷할 것이다. 아니, 더 정확히 말하자면 '조지 각하Honorable Joji'라고 해야 할 것이다. 일본어에서는 '조지'를 그렇게 표기할 것이므로.

《브리태니커》는 무기에 관해서도 로저스에게 이렇게 일러주었을 것이다. 1855년 일본에서는 칼이 "가장 기본적이고 가장 좋은 무기다. … 유럽에서 이름난 에스파냐 칼보다 뛰어나다. 어지간히 두꺼운 못도 날에 아무런 흠집을 내지 않고 두 동강 낼 수 있다."[3]

못을 자르는 일에 관해서라면, 《브리태니커》가 정확했다.

총에 관해서라면, 과거 일이든 현재 일이든 간에 로저스는 실질적으로 아는 것이 없었을 터다. 서양에 알려질 정도였던 일본인들의 총기 모험에 관한 모든 이야기는 수 세기에 걸쳐 거의 사라져버렸다. 이는 지금까지도 완전히 복구되지 않았다.

하지만 한 가지 사실만은 분명하다. 일본인들은 100여 년 동안 총기를 능숙하게 다뤘다. 그럼에도 그들은 칼로, 창으로 돌아갔다. 무엇 때문에 혹은 어떻게 그들이 총과 그토록 멀어졌는지, 다시 말해서 어떻게 총으로부터 뒷걸음질 칠 수 있었는지를 놓고 학자들은 의견 일치를 이루지 못하고 있다. 당대의 기록은 부족하다.

†

그렇지만 이야기는 충분히 명확하게 시작된다. 이야기는 빈센스 호가 닻을 내린 곳에서 1~2마일 떨어진 곳에서, 1855년으로부터 3세기 전에 시작된다. 1543년, 중국 화물선(아마 빈센스 호의 절반 정도 크기였을 것이다) 한 척이 바로 그 작은 만에 들어섰다. 배의 이름은 (있었다면 말이지만) 전해지지 않는다. 하지만 배에 타고 있던 100명에 관해서는 상당히 많은 것들이 전해

일본 최초의 총

일본 역사상 가장 위대한 화가인 호쿠사이Hokusai가 그린 그림이다.
그림 속 글 역시 호쿠사이가 쓴 것이다. "1543년 8월 25일, 이
외국인들이 오쿠마 지방의 다네가 섬으로 흘러들어왔다." 이어지는
내용에 따르면 이 외국인들의 이름은 무라슈쿠샤Murashukusha와
키리시타모타Kirishitamota였다. 무라슈쿠샤는 여전히 수수께끼로 남아
있지만, 키리시타모타는 의심할 여지없이 중국 화물선에 타고 있던 세
명의 포르투갈인 중 한 명인 크리스토퍼 다 모타Christopher da Mota 혹은
안토니오 다 모타António da Mota다. 하지만 실제 다 모타가 1817년
호쿠사이가 그린 것처럼 왜소한 몸집을 가졌으리라고 볼 수는 없다.

(Mangwa 6권에서)

진다. 그들 중 대부분은 (당시에는 흔했던) 해적 상인trader-pirates이었다. 하지만 한 사람은 일본어로 고호Goho라는 이름을 가진 교육 받은 중국인 선원이었고, 세 사람은 (역시 당시에 흔했던) 포르투갈 탐험가였다. 포르투갈은 1510년부터 인도에 식민지를 두고 있었고, 포르투갈 사람과 배들이 극동 지역 도처에 나타나기 시작했다. 이 배에 타고 있던 세 명의 포르투갈 방랑자들은 일본에 다다른 최초의 유럽인들로 알려져 있다.

그들 중 둘은 화승총과 탄약을 갖고 있었다. 그리고 둘 중 한 사람이 다네가 섬의 봉건 영주인 다네가시마 도키타카Tenegashima Tokitaka가 보는 앞에서 오리를 겨냥해 쏜 순간, 총이 일본 역사에 들어왔다. 도키타카는 곧바로 고호를 통역사 삼아 사격 연습 일정을 잡았고, 채 한 달이 지나지 않아 두 포르투갈인에게서 총을 사들였다.[4] 그는 총 한 자루에 금 1000냥을 지불했는데, 이를 오늘날 화폐 기준에 맞춰 정확하게 추산하기는 어렵다. 어쨌든 상당한 액수였다. 70년 후 일본에서는 2냥으로 괜찮은 화승총을 살 수 있었다.[5] 이는 윈체스터 라이플이 원래는 한 정당 1만 달러였다가 점점 값이 떨어져 결국 20달러가 됐던 것을 연상케 하는 면이 있다. 60년이 지난 후에도 여전히, 노동자의 적절한 임금은 한 달에 6냥 정도로 여겨졌다.

총을 구입한 바로 그날, 도키타카는 수석 도검장刀劍匠 야쓰이타 긴베이Yatsuita Kinbei에게 모조품을 만들라는 명령을 내렸다. 여기에는 슬픈 이야기가 얽혀 있다. 약실의 용수철 장치를 제대로 이해할 수 없었던 야쓰이타가 몇 달 후 도착한 포르투갈 배의 선장에게 열일곱 살짜리 딸을 바쳐 그 대가로 배의 무기 제작자에게서 총기 제작법을 배웠다는 것이다.[*][6] 이 이야기가 사실이든 아니든 간에, 1년이 지나지 않아 야쓰이타가 처음으로 열 정의 총을 만들었다는 것, 그리고 10년이 지나지 않아 일본 전역의 총기 제작자들이 이 새로운 무기를 대량 생산하고 있었다는 것은 틀림없는 사실이다. 1549년 오다 노부나가가 내린, 500정의 다네가 섬(즉, 총기)을 들여오라는 지시도 여전히 기록에 남아 있다.[7] 이것이 일본 사무라이들이 재빠르게 총기 사용법을 익힌 기량을 설명해준다. 《테포키Teppo-ki》 혹은 《총의 역사History of Guns》 같은 책은 1540년대 중반 도키타카의 총기 훈련 절차를 묘사하고 있다. "도처에서 모여든 모든 가신들이 그 신무기로 훈련했다. 얼

---

[*] [원주] '포르투갈인들이 그들을 가르쳤다'는 이유로 일본인들의 총기 사용을 폄하할 수는 없다. 사실상 모든 나라가 외부를 통해 무기의 발전을 이루었다. 이를테면 화승총이 일본에 도착했던 그해에, 영국에는 강철 대포가 상륙했다. 이전까지의 영국 대포는 전부 청동제였다. 청동 대포는 품질은 좋을지언정 값비싼 무기였다. 그러나 1543년에 페테르 보드Peter Baude라는 프랑스 철기 제작자가 서섹스 주州 금속 노동자들에게 상대적으로 저렴한 강철 대포를 대량으로 생산하는 법을 알려주었다. 30년도 지나기 전에 강철 대포는 영국의 특산품이자 명물이 됐다. 그러나 그 기원은 '외국의 기술적 도움과 외국인 노동자들'에 있었다.

마 지나지 않아 그들 중 다수가 100발을 쏘면 100발을 과녁에 적중시킬 수 있었다."[8]

1560년에 이르면 큰 전투에서 화약 무기가 사용되기 시작했고(그해에 완전 무장한 장군 한 명이 총탄에 맞아 전사했다)[9] 그로부터 15년 뒤에 일어난 일본 역사상 가장 규모가 컸던 전투[나가시노 전투를 말한다]에서 총은 결정적인 역할을 했다.

이 모든 일은 이제 기술적 대약진이라 불리게 될 것을 보여준다. 오늘날 일본 저자들이 즐겨 지적하듯이 아랍, 인도, 중국은 일본보다 훨씬 앞서 화약 무기를 접했다. 그러나 오직 일본만이 총기를 엄청난 규모로 대량 생산하는 법을 터득했고, 진정으로 그들 자신의 무기로 만들었다.

이 특별한 성공에는 마땅한 이유들이 있었다. 일본은 애초부터 군사적인 성격이 강했다. 일본에 2년간 머물렀던 성 프란시스코 하비에르St. Francisco Javier*가 1552년 남긴 기록에 따르면, "그들은 전쟁에서 일어나는 모든 일을 소중하고 명예롭게 생각한다. 또한 그들은 무기에 금은으로 장식하는 것을 지극히 자랑스러워한다. 그들은 집 안에서든 밖에서든 언제나 장도와 단

* 이그나시우스 데 로욜라를 도와 예수회를 창립한 것으로 유명한 에스파냐 출신의 가톨릭 선교사다. 일본에 최초로 기독교를 전도한 사람이기도 하며, 중국에서도 선교 활동을 하기 위해 1552년 광둥항에 도착했으나 곧 열병에 걸려 사망했다.

도를 휴대하며, 잠을 잘 때는 그것들을 머리맡에 걸어 둔다. 간단히 말해서, 그들은 내가 만난 그 어떤 사람들 보다도 무기를 귀중히 여긴다."[10] 성 프란시스코는 에 스파냐에 있는 호전적인 친척들을 비롯해 수없이 많은 사람을 겪었음에도 그랬다. 군사적인 영광은 16세기 일본에서 모든 신분 높은 남성들의 목표였다고 해도 과언이 아닐 것이다. 교토에 있는 소수의 고관들은 예 외였다. 그들의 목표는 문학적인 영광이었으므로.

더욱이 화약 무기가 도래했을 무렵, 일본은 한 세 기에 걸쳐 이어진 권력 투쟁의 한복판에 있었다. 1490 년부터 1600년까지를 일본에서는 '센고쿠 시대(전국 시대)'라 부른다. 수십 명의 봉건 영주들이 나라의 군사 권을 장악하고, 쇼군을 꼭두각시로 만들고(천황은 이미 쇼군의 꼭두각시였다), 통치자가 되기 위해 경쟁을 벌이 고 있었다. 당연하게도 그들은 신무기를 비롯해 자신 이 유리해질 수 있는 것이라면 무엇에든 관심을 기울 였다.

마찬가지로 중요한 것은, 일본의 기술이 이미 높 은 수준에 도달해 있었다는 사실이다. 일본의 구리와 쇠 는 당시 유럽에서 생산된 어떤 것보다 더 나았던 듯하 다. 가격은 확실히 저렴했다. 실제로 일본 구리는 17세 기에 전 세계로 수출되기 시작할 정도로 값쌌다. 마치 오늘날 일본 전자기기들이 그러하듯이. 당시 선박 운송 에는 엄청난 비용이 들었음에도 불구하고, 이를테면 네덜란드인들은 일본 구리를 1만 마일 떨어진 암스테르담으로 보내는 것이 이득이라는 사실을 알았다. 일본에서는 구리 100파운드를 생산하는 데 33플로린[2실링짜리 옛 영국 동전]이 들었고, 그들은 그것을 나가사키에 있는 그들 부두로 운송했다. 암스테르담에서 그들은 그것을 59플로린에 팔았다. 그럼에도 여전히 60플로린이었던 스웨덴 구리보다 낮은 가격이었다.[11] 대부분의 네덜란드 주물공들은 청동 대포를 만들 때 일본 구리를 사용하기를 선호했다.[12]

일본은 영국보다 철강을 싼값에 공급할 수 있었다. 원래 영국은 유럽 제작자들 사이에서 단연 첫손가락으로 꼽혔다. 에스파냐 무적함대가 성립되기 직전에 특히 그러해서, 에스파냐인들은 무적함대를 무장하기 위해 영국산 강철 대포를 수입하는 데 혈안이 되어 있었다. 그리하여 그들은 영국의 금수 조치에도 불구하고 1583년에 총 13.5톤의 강철로 만들어진 대포 23대를 암시장에서 사들였다.[13]

하지만 1613년 영국 동인도회사가 일본에 교역소를 차리고 약간의 주괴鑄塊[거푸집에 부어 여러 가지 모양으로 주조한 금속이나 합금의 덩이]를 들여오려던 시도는 실패로 끝났다. 동인도회사의 1615년 연말 교역 보고서에는 다음과 같은 음울한 대목이 있다. "코로만델[인도 동남부] 강철은 별 평가를 받지 못하고 있다. 호손더호를 통해 들여온 것은 일본 철보다 못하다고 여겨지고 있다. 영국 철은 점점 더 팔리지 않을 것이다. 최상급 일본 철은 1담擔당 20메이스mace다.*[14] 즉, 125파운드에 10실링이었다는 말이다.

일본은 단순히 원자재 생산국이기만 한 게 아니었다. 당시 일본은 (지금도 그러하듯이) 탁월한 제조업 국가였다. 예컨대 일본은 제지 분야에서 선두에 있었다. 한 예수회 선교사는 일본에서 생산된 종이의 종류가 유럽에 비해 열 배는 다양했으리라고 추정했다.[15] 그중에는 동양식 화장지 같은 것도 있었다. 미국인들이 이 유용한 물건을 개발해냈다고 자부하기 최소 3세기 전에 일본인들은 이미 그것을 대량 생산하고 있었다. 심지어 수출까지 했다. 1637년, 피터 먼디Peter Mundy라는 영국인은 중국 마카오에서 오사카 무역상들이 화장지를 사용하는 것을 보고 깊은 인상을 받았다.

"우리는 이 도시에서 몇몇 일본인들을 봤다." 먼디는 이렇게 썼다. "그들은 어떤 부드럽고 질긴 종이를 작은 조각으로 갖고 다니면서 코를 푼다. 그렇게 쓴 다음에는 아주 더러운 것처럼 내팽개치며, 얼굴을 닦을 리넨 손수건을 따로 갖고 다닌다."[16] 먼디가 깊은 인상을 받은 것은 당연했다. 당시 영국에서는 대다수 사람들이 코를 풀 때 소매를 사용했으니까.

---

* '담'은 중국·타이에서 쓰이던 중량 단위로, 약 60.48킬로그램이다. '메이스'는 중국에서 쓰이던 옛 화폐 단위다.

하지만 일본이 가장 많이 생산한 것은 무기였다. 200년 동안 일본은 세계 최고의 무기 수출국이었다. 극동 전역에서 일본 무기를 사용했다. 1483년, 분명히 이례적이었던 그해에 중국에만 6만 7000자루의 칼이 수출됐다.[17] 그로부터 114년 뒤에 일본을 방문한 이탈리아 상인 프란체스코 카를레티Francesco Carletti*는 활발한 수출 무역에 대해 이렇게 기록했다. "공격용이든 방어용이든, 이 나라에는 온갖 종류의 무기가 있다. 내가 생각하기에 일본은 세상 어느 나라보다도 풍부한 무기를 보유하고 있다."[18] 심지어 1614년, 상황이 바뀌어가던 중에도 히라도의 작은 항구에서 무역선 한 척이 샴(태국)을 향해 닻을 올렸다. 이 배에는 다음과 같은 화물들이 실려 있었다. 한 구당 4냥 반짜리 수출용 갑옷 15구, 반 냥짜리 단검 18자루, 0.2냥짜리 단검 28자루, 4냥짜리 총 10정, 3냥짜리 총 10정, 2냥 반짜리 총 15정.[19]

전부 최상급 무기였다. 특히 칼이 그랬다. 일본도는 날이 날카롭기 그지없었다. 그것은 단련된 강철을

---

* 이탈리아 피렌체의 상인으로, 아버지와 함께 세계 일주 중 1597년 일본에 도착했다. 당시 그는 나가사키 노예시장에 들러 임진왜란의 전쟁 포로로 끌려온 조선인 노예 다섯 명을 사 그들에게 세례를 받게 한 뒤, 네 명을 해방시켜주고 나머지 한 명은 남은 여정에 동행케 했다. 그와 함께 일본을 떠난 조선인이 유명한 안토니오 코레아Antonio Corea다.

가르도록 만들어졌고, 실제로 그럴 수 있었다. 1560년 대에 예수회 신부 한 명이 이시야마[시가현에 위치한 철도역]에 있는 군사적으로 특화된 불교 사원의 본원本願을 방문했다. 그는 승려들이 칼을 차고 있으리라는 것은 예상했지만, 그들이 찬 칼이 그토록 날카로운 것인 줄은 미처 예상치 못했다. 갑옷도 벨 수 있을 정도였다. 그가 남긴 기록에 따르면, "예리한 나이프로 연한 소고기를 써는 것만큼이나 쉽게."[20] 또 다른 초기 관찰자인 아르놀트 몬타뉘스Arnold Montanus라는 네덜란드인은 이렇게 썼다. "그들의 칼은 훌륭하게 만들어진 데다 잘 단련되어서 우리 유럽의 칼을 산산이 동강 낼 것이다. 마치 깃발이나 짚단을 베듯이 말이다."[21]

16세기 문학에는 놀라운 무기와 초인적인 위업에 관한 이야기가 자주 등장한다. 그중 대부분이 이제는 단지 우리 조상들이 얼마나 뛰어난 거짓말쟁이들이었는지(혹은 반대로, 얼마나 잘 속는 사람들이었는지) 보여줄 뿐인 것으로 여겨진다. 그들은 현자의 돌이나 인어의 존재도 믿었다. 하지만 몬타뉘스의 이야기는 확인될 수 있는 것이고, 또 그래왔다. 20세기의 유명한 무기 수집가 조지 캐머런 스톤George Cameron Stone은 16세기 일본도가 근대 유럽 칼을 두 동강 낼 수 있는지 실험한 적이 있다.[22] 그리고 오늘날 일본에는 15세기의 위대한 장인 가네모토Kanemoto 2세가 만든 칼에 기관총 총열이 절반으로 잘리는 영상이 존재한다.[23] 만약 이런 이야기가 믿기지 않는다면, 가네모토 같은 대장장이들은 매일 같이 쇠를 두들기고, 접고, 다시 두들겨서 정교하게 단련된 쇠가 칼날에 400만 겹 포개지게 한다는 것을 기억해야 한다. (더 정확히 말하면, 칼날 끝부분이 그렇게 될 때까지 했다. 나머지 부분은 훨씬 더 무른 쇠였다. 칼날 전체를 끝부분처럼 만들면 오히려 유리만큼이나 깨지기 쉬워서 첫 공격에 산산조각 날 것이다. 이렇게 강도에 변화를 주는 기술을 유럽 대장장이들은 결코 완전히 터득하지 못했다. 이것이 바로 유럽 칼들이 그처럼 예리하지 않았던 이유다) 이 정도 무기를 만들 수 있던 사람들이라면 자기네 기술을 화약 무기에 적용시키는 데 별 어려움을 겪지 않았을 것이다.

마침내, 센고쿠 시대였던 일본은 호황을 맞이하고 있었다. 16세기에 일본은 유럽 어느 나라보다도 인구가 많았다. 당시 일본 인구는 2500만이었는데, 같은 시기 프랑스는 1600만, 에스파냐는 700만, 영국은 450만, 지금 미국이 된 곳은 100만 정도에 불과했다. 농업은 번창했다. 건축업도 마찬가지였다. 오다 노부나가가 1569년 기후岐阜에 새로 지은 성을 목격한 루이스 프로이스Luis Frois*라는 예수회 선교사는, 동료 가스파르 비엘다Gaspar Vielda가 승려들이 칼을 찬 모습에 나

---

* 포르투갈 출신의 예수회 선교사로 1563년 이후 일본에서 30년 이상 거주하며 포교에 힘썼다. 1587년 도요토미 히데요시가 선교사 추방령을 선포하자 규슈 일대와 마카오 등지를 떠돌다가 다시 일본으로 돌아와 나가사키에서 병사했다.

타냈던 것과 같은 반응을 보였다. 그는 상급자에게 보내는 편지에 이렇게 썼다. "저는 제가 뛰어난 건축가이거나 아니면 어떤 장소를 잘 묘사할 수 있는 은총을 받았으면 합니다. 단언컨대 여지껏 포르투갈, 인도, 일본에서 본 궁전이나 저택들 가운데서 참신함, 우아함, 화려함, 정결함에서 이에 필적할 만한 것은 아직 본 적이 없기 때문입니다."[24]

교육에 관해서는 승려들이 다섯 개의 '대학'을 운영하고 있었다. 그중 가장 작은 것이 당대 옥스퍼드 대학이나 케임브리지 대학보다 컸다.[25] 또한 정확한 통계치를 구할 수는 없지만, 1543년 일본의 문맹률이 어떤 유럽 국가보다도 더 낮았다고 믿을 만한 근거는 많다.*[26]

예술적 관심 또한 고조되었다. 현역 군사 지휘관들, 즉 무사 계급 역시 전시가 아닐 때에는 글을 읽고 고전을 인용할 수 있어야 했다. 1588년 전국의 고위급

---

*   [원주] 이는 분명 당시 일본인들을 놀라게 한 사실이었다. 그들은 자기 나라를 방문한 외국인들 중에 문맹이 어떻게 그렇게 많은지 믿기 힘들어했다. 사실 그들은 우리 조상들이 많은 면에서 상당히 단순하다는 사실을 간파했다. 세 명의 포르투갈 탐험가들에 관한 일본의 초기 기록들이 전형적인 예다. 연대기 기록자는 우월감에 젖어 이런 기록을 남겼다. "그들은 우리가 사용하는 젓가락 대신 손가락으로 음식을 먹는다. 그들은 자제력 없이 감정을 드러낸다. 그들은 문자의 의미를 이해하지 못한다. … 그들은 일정한 거처가 없다. 그들은 자신에게 없는 것을 가진 것과 교환한다. 하지만 악의 없는 사람들이다."

무사들은 일련의 시 모임을 열었다. 시의적절한 시는 때로 한 사람의 목숨을 구할 수 있었다. 예를 들어, 반란 혐의로 니죠 다메아키라Nijō Tameakira라는 관리가 체포되어 스루가駿河国*의 태수이자 강인한 사무라이에게 심문을 받게 됐다. 다메아키라는 반란의 전모를 알고 있다는 의심을 받았고, 그가 입을 열게 하기 위해 약간의 신중한 고문이 가해질 터였다. 사람들이 불을 피우는 동안 다메아키라는 벼루와 종이를 요구했다. 모두들 그가 글로 자백을 할 거라 생각했고, 곧바로 종이를 가져다주었다. 하지만 다메아키라가 써내려간 것은 자백이 아닌 시였다.

믿을 수가 없구나!
시의 예술이 아닌
덧없는 세상사에 관해 질문을 받다니![27]

무사들과 참모들은 이 우아한 대응에 깊은 감명을 받았고, 결국 다메아키라는 무사히 석방됐다.

위 사건은 총기가 도래하기 훨씬 전에 일어났다. 그렇지만 이 시기에 문학에 대한 관심은 오히려 커지고 있었다. 실제로 16세기 후반 일본에 체류했던 또 한

* 일본의 옛 지명 중 하나로, 지금의 시즈오카현 중심부다.

명의 선교사 네키 오르간티노Gnecchi Organtino* 신부는 일본의 (종교를 제외한) 일반적인 문화 수준이 고향 이탈리아보다 높다고 생각했다.[28] 당시 이탈리아는 물론 르네상스의 정점에 있었다. 필리핀 총독에서 은퇴한 에스파냐인 돈 로드리고Don Rodrigo Vivero y Velasco 역시 1610년 일본을 방문한 후 거의 같은 결론에 도달했다.[29] 이는 페루에 도착한 에스파냐인들이 내렸던 것과는 다른 결론이었다.

---

* 이탈리아 출신의 예수회 선교사로, 1570년 일본에 도착하여 박해 속에서도 선교 활동을 이어갔으며 1576년 성당 완공에도 기여했다.

그토록 수용적인 환경에서도 물론 화약 무기는 한번에 받아들여지지 않았다. 도리어 기존의 무기들이 거의 그대로 사용됐고, 과연 총에 실질적인 군사적 가치가 있는가를 놓고 회의적으로 바라보는 이들이 많았다. 1549년 오다 노부나가의 지시로 제작된 500정의 총도 그의 군대에서 아주 작은 비중을 차지했을 뿐이다. 심지어 10년 후에도 그는 화약 무기를 일종의 군사적 술책으로 간주한 것처럼 보인다. "전쟁 무기는 여러 대에 걸쳐 변화해왔다." 그는 부하들과의 회의에서 이렇게 말했다고 한다. "아주 먼 옛날에는 활과 화살이, 그다음에는 칼과 창이 사용되었다. 최근에는 총이 대대적

으로 유행하고 있다. 이 무기들 전부 저마다의 장점이 있지만, 나는 창을 전투에서 의지할 무기로 삼고자 한다."[1] 그러더니 그는 긴 창과 짧은 창에 관한 문제로 토론을 시작했다.

오다 노부나가의 회의적인 시각은 한편으로는 1559년 당시 총기에 대한 단순한 미숙함을, 또 한편으로는 그들의 원시적인 성격을 드러내는 것이었다. 포르투갈어로는 arquebus, 일본어로는 てっぽ, 영어로는 matchlock인 그것은 매우 느리게 발사되는 총이었다[전부 화승총을 뜻한다]. 총구로 장전해야 할 뿐 아니라 뇌관을 정비하는 데 일련의 복잡한 조작이 필요했다. 그것도 대단히 복잡한 조작이. 찰스 오먼Charles Oman 경은 자신의 저서 《16세기 전술사History of the Art of War in the XVI Century》에 화승총을 장전하는 정신없는 동작에 관한 16세기 농담을 인용한다. "만약 자연이 인간에게 두 손 대신 세 손을 주었다면 머스킷총(큰 화승총)은 더 실용적이었을 것이다."[2] 16세기 한 추정에 따르면, 화승총병이 한 번 장전하는 동안 궁수는 화살 15대를 쏠 수 있었다.[3] 심지어 신체가 건장하며 일정한 훈련을 받은 화승총병으로 가정한 추정치임에도 그랬다. 20세기 기술사학자 존 네프John Nef는 평균적인 병사 혹은 좀 더 서투른 병사가 총을 장전하는 데에는 10분에서 15분이 걸렸을 것이라고 추정했다.[4]

당시까지도 가공할 만한 위력을 가진 무기는 없

었다. 초기 모델에 사용됐던 가벼운 탄환은 유효 사거리가 80~100야드(73~91미터)에 불과했다. 더욱이 사정거리 안에서도 질 좋은 갑옷에 맞으면 튕겨져 나오곤 했다. 유명한 일본 연극 〈정성공의 전투The Battles of Coxinga〉*(1715년에 초연됐으나, 1644년에 만들어졌다)에는 어떤 충성스런 장군이 황후의 탈출을 돕는 장면이 있다. 변사는 이렇게 말한다. "갑자기, 화승총 세례가 그들을 덮쳤다. 마치 주변의 숲과 산에 휘몰아치는 빗줄기처럼. 오삼계Go Sankei는 황후를 보호했다. 튼튼하게 만들어진 갑옷으로 총탄을 받아내고 또 받아내면서. 그러나 그녀의 운명이 다한 것일까? 황후의 가슴에 총탄 한 발이 명중한다. 보석 같던 삶의 실은 끊어졌고, 그녀는 마지막 숨을 내쉰다."[5]

화승火繩총이라는 이름은 방아쇠를 당겼을 때 천천히 연소하는 화승(도화선)이 화약에 접촉하면서 총알을 튕겨 내보내기 때문에 붙은 것이다. 그런데 비가 오면, 화승에 불이 붙지 않는다. 병사들에게는 재점화할 수 있는 근대식 화승이 없었다.

일본인들과 다를 바 없이, 유럽인들 역시 이런 어려움에 직면했다. 한번은 프랑스 내전 중에 인상적인 일

---

*   Coxinga는 정성공鄭成功을 가리킨다. 국성야國姓爺라고도 불린다. 명나라 사람인 아버지와 일본인 어머니 사이에서 태어나 명나라 부흥운동에 평생을 바친 인물로, 그 과정에서 대만을 정복하여 정씨 왕조를 연 것으로 유명하다.

이 벌어지기도 했다. 오다 노부나가가 총 대신 창을 선택하겠노라고 말한 지 10년이 흐른 뒤인 1569년 6월 25일, 라로슈-라베유La Roche-l'Abeille에서 두 화승총 부대가 막 발포하려던 찰나, 거센 비가 내리기 시작했다. 전투 양상이 바뀌어서 그들은 야구 방망이를 든 소년들처럼 젖은 총으로 서로의 머리를 후려치며 싸웠다.⁶ 그리고 일본은 비가 많이 내리는 나라다.

　　이런 기술적인 어려움 외에도, 일본인들에게는 총에 관한 사회적 문제가 있었다. 일본에는 전투를 시작하기 전에 양측 병사들이 의례적인 찬사를 주고받는 오랜 관습이 있었다. 때로는 양측에서 가장 강한 전사가 앞으로 나와 자신의 명성을 뽐내기도 했다. 교토 근처에서 있었던 아주 유명한 초기 전투는 한 전사가(공교롭게도 승려였다) 부대 앞으로 성큼성큼 걸어나가는 것으로 시작되었다. 그는 검은색 갑옷에 검은색 칼과 활을 차고, 검은 깃털 달린 화살 24대를 든 낭만적인 인물이었다. 《헤이케 이야기平家物語》는 이렇게 묘사한다. "그는 웅장한 목소리로 자기 이름을 밝혔다. '내 이름은 익히 알고 있겠지. 자, 잘 봐라. 나는 쓰쓰이 노 조모 메이슈Tsutsui no Jomo Meishu*다. 미이Mii 사원 전체에 1000명을 상대할 수 있는 전사로 알려져 있는 사람이

---

*　　미나모토노 요시나카의 부하로, 겐페이 전쟁(1180~1185)의 우지 전투에서 60여 대의 화살을 맞고도 끝까지 싸운 것으로 유명한 무장이다.

빗속에서의 화승총 사용법

이 그림은 1855년 우타가와 쿠니요시Utagawa Kuniyoshi가 그린 것이지만,
17세기에 불붙은 화승을 보호하기 위한 방수포가 고안됐다. 우비를
입은 여섯 명의 병사들은 아시가루あしがる, 즉 무가武家에서 평시에는
잡역을 도맡다가 전시에는 병졸이 되는 하급 무사다. 칼을 두 자루 차야
하는 사무라이들과 달리 이들은 한 자루만 차고 있다. 그림에는 이 '총
부대용품'을 폭우가 쏟아질 때와 마찬가지로 야간에도 사용할 수 있다고
적혀 있다(화승에 붙은 불을 가려주기 때문이다). 또, 아시가루 총병
부대는 항상 '다수의 숙련된 사무라이 총병들'과 동행해야 한다고도 적혀
있다. (S. Yoshioka Collection, Kyoto)

다.'"**7** 이렇게 말한 다음에야 그는 활을 쏘기 시작했다.

　이런 관습은 화약 무기가 들어온 초기에도 여전히 유지되었다. 총이 전래된 지 불과 5년 후인 1548년 우에다하라上田原 전투*에 다케다 하루노부Takeda Ha-runobu†가 출정했을 때, 그는 사무라이들은 물론 하급 병사 200명을 거느리고 있었다. 그중 150명은 전통에 따라 칼 한 자루(사무라이들은 물론 두 자루였다)와 활과 화살로 무장했다. 나머지 50명은 다케다 하루노부의 비밀 병기로, 그들은 칼과 총을 하나씩 갖고 있었다. 하지만 다케다 하루노부는 전투 의례를 바꿀 생각을 전혀 하지 못했다. 우에다하라에 관한 옛 기록에서 말하듯이, "그들은 우선 **다네가시마**부터 사용했어야 했지만, 그러지 않았다. 그들은 자신을 소개하는 것으로 시작했다."

　의례가 끝난 직후 전투가 시작됐을 때, 총병들에게는 총 뇌관을 확인하고 화승에 불을 붙일 여유가 없었다. 이는 상대편에 유리하게 작용했고, 무라카미 요시키요Murakami Yoshikiyo‡의 군대가 승리를 거둔 것은

---

*　1548년 우에다하라에서 다케다 하루노부과 무라카미 요시키요가 벌인 전투다. 이전까지 연전연승을 거두던 다케다 하루노부는 이 전투에서 대패해 많은 병사를 잃는다.

†　신겐信玄이라는 법명으로 더 널리 알려져 있다. 숙적 우에스기 겐신과의 경쟁, 오다 노부나가를 궁지에 몰아넣었던 것으로 유명한 인물이다.

‡　센고쿠 시대 영주로, 다케다 신겐과의 대결로 유명하나 결국 영

"그들에게 총이 전혀 없었기 때문"이라는 평을 들었다.[8]

그렇지만 이 모든 문제에는 해결책이 있었다. 몇몇 기술적인 문제에 대해서는, 일본 장군들은 유럽 장군들보다도 더 빠르게 해결책을 찾아냈다. 그들은 총탄의 흐름을 빠르게 하기 위해 연속 발사 기술을 개발했다. 탄환의 효율성을 높이고자 총의 구경을 늘렸다. 총과 화약을 담은 상자에는 방수 차원에서 옻칠을 할 것을 지시했다. 그들은 전투 전에 의례를 생략하는 법을, 대신 바로 총을 쏘는 법을 익혔다. 동시에, 일본의 총기 제작자들은 상대적으로 조악한 포르투갈식 격발 장치를 개량하느라 바빴다. 예컨대 그들은 나선형 메인 스프링과 조절 가능한 방아쇠 손잡이를 개발했다.[9] 또한 그들은 빗속에서도 화승총을 쏠 수 있는 부대용품을 개발했는데, 내가 아는 한 유럽에는 그런 것이 없었다. 라로슈-라베유 전투가 있었던 1569년, 일본에서는 가장 유력한 군벌들 중 하나였던 다케다(당시 그는 다케다 하루노부가 아닌 다케다 신겐으로 알려져 있었다. 1551년부터 신겐이라는 법명을 공식적으로 사용하고 있었기 때문에)는 자신의 오랜 가신들에게 새로운 군령을 내릴 수 있을 정도로 상술한 총기 관련 개발이 모두 이루어졌다.

지를 모두 빼앗기고 다케다 신겐과 대립 중이던 우에스기 겐신의 가신으로 들어갔다.

우에다하라에서 패배를 맛본 지 21년, 일본에 화승총이 처음 등장한 지 26년이 지난 후였다. 다케다 신겐은 이렇게 말했다. "앞으로 총은 가장 중요한 무기가 될 것이다. 그러므로 창병을 줄이고 가장 유능한 병사들에게 총을 지니게 하라."[10]

커져가는 총기의 중요성에 관한 다케다 신겐의 정확한 판단을 보여주는 한 가지 증거는 바로 다케다 자신이 1573년에 총에 맞아 사망했다는 사실이다. 하지만 더 중요한 증거가 있으니, 1575년 다케다 신겐의 아들 다케다 가쓰요리Takeda Katsuyori*와 오다 노부나가 사이에 벌어졌던 나가시노 전투가 그것이다. 열렬한 창 지지자였던 오다 노부나가는 이 전투에 3만 8000명에 이르는 병력을 이끌고 나타났는데, 1만 명은 화승총병이었다. 그리고 그중 3000명의 정예병이 오다 노부나가가 대승을 거둔 가장 중요한 요인이었다. 그는 병사들이 자기를 소개하게 놔둘 생각도, 명예롭게 보이게 할 생각도 없었다. 그들은 다키 강 건너편에 숨어 있었다. 폭이 좁은 강이었지만, 기병대의 진격을 늦출 수 있을 만큼은 넓었다.

그들은 강 건너편에 있었을 뿐 아니라 마방책을 세웠다. 오다 노부나가는 그들을 세 열로 세웠다. 2세

---

* 다케다 신겐의 넷째 아들로, 신겐이 죽은 후 다케다 가문을 계승한다. 하지만 나가시노 전투에서 오다 노부나가에게 치명적인 패배를 입어 가문을 부흥시키려는 노력은 수포로 돌아간다.

기 후 미국인들이 벙커힐Bunker Hill에서 그랬던 것처럼,* 그들은 마지막 순간까지(이 경우, 문자 그대로 병사들은 불붙은 화승을 쥐고 있었기 때문에) 발포하지 말고 대기하라는 지시를 받았다. 그런 다음 그들은 명령에 따라 차례로 1000발씩 일제히 사격했다. 이에 따라 3열 병사들이 사격을 하기도 전에 1열 병사들은 재장전을 거의 마칠 수 있었고, 2열 병사들은 총탄 주머니에 손을 뻗을 수 있었다.

이 모든 것이 훌륭하게 진행됐다. 다케다의 사무라이들은 돌격을 감행했지만 무참히 도륙됐다. 실제로 이 전략은 너무나도 성공적이어서 1913년 어느 일본군 중장은 나가시노 전투 이후로 보병 전술에 거의 진전이 없었다고까지 말할 정도였다.[11] 덧붙이자면 나가시노 전투에서 양측은 경량 대포를 몇 문 보유하고 있었다.† 그것들은 일본에서 만들어지기는 했지만, 포르투갈 고문들의 도움을 받았다. 나가시노 전투 몇 달 후, 처음으로 오직 일본인들에 의해 제작된 일본제 대포 두 문이 시험 발포를 위해 오다 노부나가에게 보내졌

---

* 1775년 6월 17일 미국 매사추세츠주 찰스타운 벙커힐에서 벌어진 전투를 말한다. 이 전투에서 미국(아직 '미국'이라는 한 국가로 독립하기 전이었지만) 군대는 벙커힐과 브리드힐Breed's Hill을 점령해 방어선을 구축했다.

† 하지만 나가시노 전투에서 대포가 사용되었다는 기록은 찾아볼 수 없다. 저자의 오류인 듯하다.

나가시노 전투 장면을 담은 여섯 폭의 병풍

전투는 1575년에 벌어졌지만 이 병풍은 한참 후인 18세기에 만들어졌다.
그림 중앙에서는 오다 노부나가와 도쿠가와 이에야스(둘은 연합을
맺어 다케다를 상대로 함께 싸웠다)의 총병들이 다키 강 건너편을 향해
사격하고 있다. 한편 그림 오른쪽에서는 돌격해오는 다케다의 기병대를,
그들이 든 창을 볼 수 있다.

그림 아래 왼쪽 구석에 뿔 달린 투구를 쓴 사내는 혼다 다다카쓰Honda Tadakatsu다. 도쿠가와 이에야스의 가신인 그는 전투를 승리로 이끈 3000명의 정예 총병대 중 한 열을 지휘했다. 이 그림에서 혼다 다다카쓰의 총병들은 미학적인 이유에서 열네 명으로 축소되어 그려져 있다. 모모야마 시대(1574~1602) 회화의 손꼽히는 권위자 야마네 유조Yamane Yuzo의 말에 따르면, 전투 장면은 '기록물'이나 '사실적인 것'이 아니다. 대신 우리는 수많은 개별적인 영웅들을 통해 훨씬 단순하고 이상적인 설명을 찾는다. (도쿠가와 미술관 소장)

다. 2파운드짜리 청동 대포로, 길이는 9인치(약 23센티미터)였다.[12]

　　나가시노 전투와 당대의 유럽 전투를 비교하는 것은 흥미로운 일이다. 무기라는 측면에서 본다면 일본군은 상당히 앞서 있었던 것으로 보인다(이는 야전 무기에 한해서는 분명한 사실이다. 해안가나 함선에서의 대포 사용은 유럽이 일본보다 한참 앞서 있었으며, 여전히 그렇다).[13] 반면, 스코틀랜드 글렌리벳Glenlivet 전투는 나가시노 전투보다 20여 년 뒤인 1594년에 벌어졌음에도 확연히 중세적인 양상을 띠었다. 이 전투는 오다나 다케다와 별반 다를 바 없는 봉건 영주들 사이에서 일어났다. 한쪽은 캠벨 가문을 이끄는 젊은 아가일Argyll 백작(아가일은 1701년에야 공작이 되었다), 다른 한쪽은 고든 가문을 이끄는 반역자 헌틀리Huntly 백작이었다. 아가일은 스코틀랜드 왕 제임스 6세를 지지한 반면, 헌틀리는 그를 몰아내고 싶어했다. 오늘날의 스코틀랜드 역사가 스마우트T. C. Smout는 이 전투에 대해 "북부 본토 거의 전역이 휘말려 들었다. 가히 내전이라 할 만한 규모였다"라고 했다.[14] 스코틀랜드 또한 전국시대를 맞이했던 것이다.

　　아가일 경은 글렌리벳으로 1만여 명의 고지대 사람들Highlanders[스코틀랜드 산악 지역에 사는 사람들]을 이끌고 나타났다. 헌틀리 경은 고작 2000여 명의 저지대 사람들Lowlanders을 이끌고 있었을 뿐이지만, 이러한 수적 열세에도 불구하고 놀라운 승리를 거두었다. 어떻게? 아가일의 군대는 대부분 커다란 양손 검claymore과 창pike을 들고 싸웠다. 하지만 헌틀리의 소규모 군대에는 약간의 화승총병들만이 아니라 포병대도 있었다. 비록 나가시노 전투에서 양측이 보유했던 대포 수만큼은 아니더라도, 스코틀랜드에서 승리를 거머쥐기에는 충분했다. 만약 로저스 중령이 진정한 목가적 단순함을 찾고자 했다면, 그는 차라리 글렌리벳에 있어야 했다. 캠벨 가문 사람들은 용감했지만, 대포의 화염에는 전혀 대비가 되어 있지 않았다. 훗날의 스코틀랜드 왕실 역사가 버튼J. H. Burton은 이 승리에 대해 이렇게 설명했다. "헌틀리는 야포野砲 여섯 문을 갖고 있었다. 이것이 폭파하면서 내는 소리는 시간이 한참 흐른 뒤에도 고지대 사람들이 공포에 떨지 않을 수 없게 만들었다."[15]

당시 스코틀랜드는 낙후된 지역이었다. 유럽 문화의 중심지는 프랑스였다. 하지만 1587년 프랑스의 앙리 4세가 쿠트라Coutras에서 승리를 거뒀을 때, 이는 나가시노 전투로부터 12년 뒤에 벌어진 것이었음에도 불구하고 다소 원시적인 전투였다. 이전에 있었던 프랑스 내전의 어느 전투에서보다도 많은 프랑스 상류층이 쿠트라에서 목숨을 잃었다.

이 전투에는 많은 화약 무기가 동원됐다. 앙리 4세

Kron Franckreich in dieser zeit
...ent Widrum auß ein schweren streit
... Guis nit quale greiff nach der Kron
...uarra diselb auch wole hon...

Der Babst schlug zu thet in den Ban
Den Nauarra, der kert sich nit dran
Griff Wacker drauff den Guisen nahm
Wuß er an Volck und gudt bekam.

Dem Jeyusen solch breck verdrieß
Ein Feldtschlacht im ankunden ließ
Deß freugt sich der Nauarrich helt
Bei Mangon seins feinds waert im selt

Schlug jm bei vier tausent Man
Der Jeyeus starb auch auff dem plan
Am 20 Octob: 1587.

프란스 호겐베르크Frans Hogenberg가 쿠트라 전투를 묘사한 판화로,
곳곳에서 대포와 화승총병을 발견할 수 있다.

의 진영에는 대포가 두 대, 조외즈 공작Duc de Joyeuse* 쪽에는 약 일곱 대가 있었다. 하지만 오다 노부나가의 군대를 떠올려보면, 창으로 무장한 기마 중대 사이사이에 25명의 화승총 소대를 배치한 것이나, 300명의 중기병대로 하여금 권총을 차게 한 앙리 4세의 전술이 그리 특별한 인상을 주지는 못할 것이다. 하지만 이런 요소들이 그날 그에게 승리를 안겨주었다는 것이 일반적인 평가다.[16] 이는 사상자 수에 큰 차이가 벌어진 원인이기도 하다. 앙리 4세 진영에서는 사상자가 200명 이하였지만, 상대편은 2700명이었다. 나가시노에서는 1만 6000명이 전사했다.†

---

* 안느 드 조외즈 공작은 앙리 3세의 총신으로, '세 앙리의 전쟁'에서 왕의 군대를 이끌고 훗날 앙리 4세로 즉위하는 앙리 나바르와 싸웠으나 쿠트라에서 참패하고 전사했다.

† [원주] 이 숫자들 중 정확한 것은 없다. 칸나에 전투에서부터 베트남 전쟁에 이르기까지, '정확한 사망자 수'는 존재하지 않았을 것이다. 군인들은 과장한다. 조외즈 공작보다 한 세기 정도 후의 인물인 빌라르 공작Duc de Villars에 관한 유명한 일화가 있다. 전투 보고서를 받아쓰게 하면서, 빌라르는 우선 자신이 3000명의 적군을 마주쳤다고 진술한 뒤 자신이 거둔 승리에 대해 묘사했다. 그런 다음 나이를 막론하고 모든 장군들에게서 나타나는 특유의 격정적인 태도로, 그는 사망한 적군의 수를 4000명으로 늘린다. 받아쓰고 있던 서기가 통계학적으로 이해하기 어려운 내용이 포함되어 있음을 지적하자, 그는 어깨를 으쓱하더니 전사자 수를 2500명으로 정정했다.[17] 그러나 쿠트라에서보다 나가시노에서 훨씬 많은 전사자가 나온 것만은 의심의 여지없는 사실이다.

오다 노부나가가 승리를 거두고 반세기가 지나는 동
안, 화약 무기는 일본에서 전성기를 구가했다. 화약 무
기를 다룰 줄 모르면 병사가 될 수 없었다. 하지만 다
른 한편으로는 화약 무기에 대한 저항이 커져가고 있
었다. 이 효율적인 화약 무기가 정작 그것을 사용하는
병사들은 무색하게 만든다는 사실에서 비롯된 것이었
다. 나가시노 전투 이전에 일본에서 치러졌던 일반적
인 전투는 매우 많은 수의 일대일 결투와 소규모 혼전
으로 구성되어 있었다. 그들은 (총병이 아닌 한) 서로에
게 자신을 소개한 뒤, 짝을 지어 싸웠다. 이러한 전투는
참전한 사람들 수만큼이나 많은 영웅적인 이야기를 만

들어낼 수 있었다. 이는 심지어 일종의 도덕률이었는데, 각 개인의 운명이 순수하게 그 자신의 능력과 훈련 상태에 좌우되었기 때문이다. 물론, 장비도 포함해서 말이다. 방어구는 특히 중요한 것으로 간주됐고(조지 캐머런 스톤은 일본인들이 세계의 다른 나라들에서 만들어진 것을 다 합친 것보다도 다양한 갑옷을 제작했다고 말한다)[1] 그 중 훌륭한 것에는 찬사가 쏟아졌다. 1562년에 일어났던 전투에 관한 한 오래된 서술에는 오늘날의 광고와 놀랍도록 흡사한 대목이 있다. 전투 후반, 이미 두 차례나 부상을 입은 오타 스케마사Ota Sukemasa라는 장군이 시미즈Shimizu라는 적장과 일대일 결투에 돌입했다.

"오타의 상대, 강하기로 유명한 그는 지치고 상처 입은 오타를 쓰러뜨렸다. 그는 오타의 목을 베려 했지만 잘 되지 않았다." 이야기는 계속된다. "이에 오타는 분노로 눈을 번득이며 외쳤다. '당황하셨소? 내 목은 노도와のどわ*로 보호받고 있소. 이걸 벗겨낸 후에 내 목을 치시오.'

시미즈는 고개 숙이며 답했다. '그렇게 말해주어 고맙소. 숭고한 죽음을 맞는군. 그대에게 존경을 표하오!' 그러나 시미즈가 노도와를 막 벗겨내려던 찰나, 부리나케 달려온 오타의 종자 둘이 그를 밀치곤 그들 주군으로 하여금 적장의 목을 치고 전장을 무사히 떠날

---

* 목 언저리에 대는 갑옷의 부속품.

수 있게 했다."²

화승총병들이 투입된 집단적 성향의 전투에서는
이런 사건이 좀처럼 일어나지 않았다. 제대로 조준된
1000발의 일제 사격은 당황한 병사들이든 냉철한 병
사들이든 무차별하게 죽였다. 더욱이 대화를 나누기에
는 너무 멀리 떨어져 있었다. 만약 어떤 병사가 총기에
맞서 돌격한다면, 용기는 사실상 약점이었다. 동시에,
그가 만약 생각을 바꿔 스스로 화승총병이 된다면 개
인적인 탁월함을 드러낼 기회는 거의 없었다. 이제 그
는 같은 계급장을 단 수천 명의 병사 중 하나, 돌격해오
는 적군을 쓰러뜨리기 위해 흉벽胸壁 뒤에 대기하고 있
는 병사 중 하나에 지나지 않았다. 여기에는 대단한 기
술이 필요한 것도 아니었다. 기술은 병사에게서 무기
제작자 몫으로, 또 병사에게서 사령관 몫으로 옮겨 갔
다. 부분적으로는 이런 이유로 인해 오다의 화승총병
들은 사무라이보다는 농부나 고시鄉侍, 지사무라이地侍
같은 하급 무사인 경우가 많았다.* 농부에게 총을 쥐여
주면 아무리 강한 사무라이라도 쉽게 죽일 수 있다는
사실을 알게 된 사람들은 모두 충격을 받고 말았다.

그 결과, 나가시노 전투 직후 총에 대한 두 가지

*   고시는 정식 고용된 최하급 사무라이로, 녹봉을 받지만 워낙 적
어 농업을 겸하는 계층이다. 지사무라이는 아예 정식으로 고용되
지 못한 무사들로, 평소 농사를 짓거나 산적질을 하다가 때때로
용병처럼 고용되는 계층이다.

상반된 태도가 나타나기 시작했다. 한편으로는 모두가 원거리 살상 무기로서 총의 우수성을 인정했고, 모든 봉건 영주들이 총기를 대규모로 갖추도록 지시했다. 적어도 절대적인 양에 있어서만큼은, 총이 16세기 후반 세계의 어떤 나라들보다도 일본에서 일반적인 것이었다는 사실은 거의 확실하다.[3] 다른 한편으로는 어떠한 병사도, 요컨대 무사 계급에 속한 어떤 이도 총을 사용하기를 원치 않았다. 오다 노부나가조차 총을 개인 무기로 삼는 것을 피했다. 1582년 야습을 받아 숨졌을 때, 그는 강궁強弓을 들고 싸웠다. 활이 끊어진 후에는 창으로 싸웠다.[4] 이듬해, 200명의 일반 병사들이 대포 공격을 받았던 한 전투에서는 열 명의 용감한 영웅들이 칼과 창으로써 이름을 떨쳤다.[5]

이처럼 전투 행위를 칼을 찬 상층 계급과 총을 든 하층 계급으로 구분하려는 시도는 물론 실패로 돌아갔다. 두 전투 방식은 계속 충돌을 일으켰다. 1584년 모리 나가요시Mori Nagayoshi[*]의 죽음이 전형적인 예다. 전신 갑옷 위에 흰 비단 쥐퐁jupon[†]을 걸쳤던 모리는 지극히 눈에 띄는 목표물이었다. 그는 자신의 군대를 재집결시키기 위해 고집스레 선두로 말을 타고 나왔다. 아

[*] 센고쿠 시대의 무장이자 오다 노부나가의 가신으로, '귀신'이라는 별명으로 불릴 만큼 맹장이었다.

[†] 솜을 넣은 겨울옷으로, 보통 문장紋章이 달려 있으며 갑옷 위에 입는다.

마 칼도 휘둘렀을 것이다.[6] 한 화승총병이 신중하게 그의 머리를 조준했고, 27세였던 그는 결국 숨진 채 말에서 떨어졌다.

　　같은 해, 일본을 이끌던 두 장군이 고마키小牧라는 곳에서 마주쳤다.[*] 두 사람 모두 나가시노의 교훈을 가슴 깊이 새기고 있었으므로, 군대에 상당수의 총병들을 보유하고 있었다. 그 결과 교착 상태가 이어졌다. 자기소개도, 개별적인 영웅도 없었을 뿐만 아니라 양측 사령관은 기병대에게 상대 총병 부대를 향한 공격도 일체 명령하지 않았다. 대신 양측 군대는 참호를 파고 그 안에 들어앉아 대기했다. 총소리, 적병이 밟은 지뢰가 터지는 소리가 간헐적으로 들려오는 가운데 시간이 흘러갔다. 이는 어떤 면에서 3세기 반 앞서 도착한 제1차 세계대전의 한 장면 같았다. 결국 두 사령관은 협정을 맺었고, 그들 자신의 기술로 인한 제약을 덜 받는 다른 군대와 싸웠다.

　　몇 년 후, 당시 섭정이었던 히데요시는 화약 무기 통제를 향한 첫걸음을 내디뎠다. 이는 아주 사소한 움직임이었는데, 단순히 소작농이 쏜 총으로부터 봉건 영주를 보호하는 것을 넘어 민간인들로부터 **모든** 무기를 거둬들이기 위한 조치였다. 히데요시가 한 일은 일

---

[*]　　1584년 도요토미 히데요시와 도쿠가와 이에야스 사이에서 벌어진 고마키·나가쿠테 전투를 말한다.

본인 특유의 성격을 잘 보여주는 것이었다. 그는 무기 통제에 대해서는 한마디도 하지 않았다. 대신, 그는 현존하는 모든 불상이 아주 작아 보일 정도로 거대한 불상을 제작하겠다고 공언했다. 거기에는 엄청난 목재가, 철제 죔쇠가, 나사못이 필요할 터였다(불상의 크기는 자유의 여신상의 두 배쯤 됐다). 죔쇠와 나사못을 만드는 데만 철 몇 톤이 들어갈 엄청난 일이었다.

그러고도 더 많은 철이 필요했다. 불상이 들어설 사찰을[호코지方廣寺] 세우기 위해서였다. 사찰은 8분의 1평방마일이 넘는 면적을 차지할 터였다. 모든 농부, 지사무라이, 승려들은 이 대의를 위해 칼과 총을 바칠 것을 요구받았다. 그리하여 1587년에 교토를 방문한 이들이라면 무장 해제가 이루어지는 기이한 광경을, 수십 명의 대장장이들이 화승총을 종교적인 쇠붙이로 바꾸느라 분주하게 망치질하는 모습을 보았을 것이다. 그해 예수회의 연례 서신은 다소 씁쓸한 어조로 히데요시가 "일본의 모든 철을 자기 것으로 만들 계획을 세우고 있다"고 전했다. "믿기 힘들 정도로 뛰어나고 교활한 술책이다. 이제 그는 종교에 헌신하다는 명목하에 사람들에게서 무기를 강탈하고 있다."[7]

물론 군대에서는 아무도 무기를 빼앗기지 않았고, 총기 제작은 향후 20년 동안 계속됐다. 히데요시는 총에 대해 강한 필요성을 느끼고 있었다. 그에게는 새로운 계획, 간단히 말하자면 조선, 중국, 필리핀을 정복한다는 계획이 있었다.[8] 진정한 목표는 중국이었지만, 조선을 정복하는 것이 먼저였다. 조선은 중국을 침략하기 가장 좋은 지점에 위치해 있었다. 필리핀은 나중에 생각할 문제였다. 그곳에 있는 소규모 에스파냐 수비대는 손쉬운 상대라는 보고를 받았기 때문이다. (그 보고는 실로 정확한 것이었다. 대부분의 전쟁사학자들은 만약 히데요시가 공격 순서를 뒤집었다면 마닐라는 1592년부터 일본의 도시였을 거라는 데 동의한다)

나폴레옹을 연상케 하는 이 원정 기간 동안, 누군가는 총의 효율성이 단지 칼과 창을 든 영웅주의에 승리하리라 예상했을지도 모른다. 거의 그럴 뻔했다. 조선으로 출병한 일본군은 상위 계급과 하위 계급이 섞여 있었고, 그들의 무기는 이제까지 그랬듯 서로 어울리지 않을 것 같았다. 거의 모든 부대에서 다수를 차지했던 사무라이들은 전통에 따라 두 자루의 칼을 차고 있었고, 활이나 창 등 적어도 한 가지 무기를 더 휴대했다. 다른 병사들 대부분은 총을 소지하고 있었다. 16만 명에 이르는 침략군 중 4만 명 이상이 화승총병이었다.*

---

*   [원주] 이는 봉건적 군대였고, 지방 영주들은 자기 군대의 장비며 복식을 직접 마련했다. 당연히 정해진 무기 비율 같은 건 없었다. 일본 중부의 일부 부유한 다이묘들은 자기 병사의 40% 가까이를 총으로 무장시켰다. 아가일 백작처럼 시골뜨기였던 나머지 다이묘들은 사실상 총병을 전혀 보유하지 않았다. 예를 들어, 다치바나 무네시게Tachibana Munishige는 2600명의 병사를 이끌고 조선으로 향했다. 그중 200명은 말을 탄 중기병이었다. 다른

일본군이 조선에서 마음 내키는 대로 진격을 거듭했던 처음 몇 개월 동안에는 이러한 복잡한 무기 체계가 순조롭게 작동했다. 조선군이 너무나도 체계적이지 못했던 나머지 침략자들은 돌도끼를 들고 싸워도 이길 판이었다. 실제로 그들은 이겼다. 사무라이들은 칼과 창을 든 채 조선 기마병에 맞서 싸우며, 매번 승리를 거뒀다. 하층 계급인 총병들은 패잔병들을 소탕했다. 부산에 상륙한 선두 부대가 수도 한양을 함락시키기까지는 고작 18일이 걸렸다. 어떤 일본군도 조선 화승총병들에게 공격받을 위험은 없었다. 조선군에는 화승총이 없었기 때문에.

조선군이 보유한 것은 상당히 비효율적인 경형輕型 대포였다. 중국으로부터 도입한 것이었다. 일본 총병들은 이 대포를 손쉽게 압도했고, 조선 궁병들을 궤멸시켰다. 이상적인 전쟁이었다. 상층 계급 병사들은 영웅이 될 수 있었고, 실제로 그러했고, 하층 계급 병사들은 기술적 우위를 통해 쉽게 승리했다. 이들은 특히 조선의 작은 대포를 노획하기를 즐겼는데, 가토

1700명은 반짝이는 장창을 든 보병 사무라이였다. 마지막으로, 그에게는 350명의 총병이 있었다. 궁병은 단 90명이었다. 다른 한편으로, 형 대신 사쓰마 가문 당주를 맡았던 시마즈 요시히로는 거의 같은 수의 말 탄 기사에 1000명이 넘는 총병을 이끌었다(사실상 창병은 전혀 없었다).[9]
16세기 일본 군대의 병참 보급은 복잡한 양상을 띨 수밖에 없었다.

1886년 쓰키오카 요시토시[Tsukioka Yoshitoshi]가 그린 우키요에 속 도요토미 히데요시. 한 손에는 창을 들고 있고, 등에는 깃이 매달려 있는 모습을 보라.

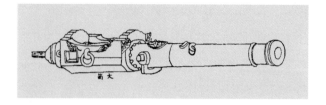

오다 노부나가 시대의 일본 대포

이것은 소구경의 회전 가능한 후장식 대포로, 일본에서 제작된 것이다. 16세기 표준형을 보면 빠르게 발사할 수 있었던 듯하다. 유럽에서 이런 종류의 대포는 활이나 함미포艦尾砲처럼 전함에 탑재되었다. 일본에서는 성에 설치되었다. 1584년 두 문의 경형 대포가 아리마Arima 장군에 의해 배에 실려 사용되었다. 해변을 따라 진군하던 류조지Ryūzōji 장군 군대 보병들의 대열을 흐트러트리기 위해서였다. 그때 사용된 대포가 아마 이런 종류였을 것이다.

기요마사Kato Kiyomasa* 장군은 그것을 기념품 삼아 고향에 여러 개 보냈다. 대포는 길이가 2피트(약 60센티미터)를 겨우 넘겼고, 이따금 거대한 돌덩이 같은 것을 발사했다.¹⁰ 이는 스코틀랜드 사람들을 겁주는 데는 쓸모 있었겠지만, 16세기 일본인들 앞에서는 무용지물이었다.

그러나 중국이 조선을 돕기 위해 대군을 파견하면서 축제 같던 분위기는 말끔히 사라졌다. 특히 전쟁이 2년째에 접어들었을 때, 조선군 부대 중 일부가 그

---

* 도요토미 히데요시의 총신으로, 임진왜란 당시 일본군 선봉이었다.

들만의 화승총을 갖춘 채 나타나기 시작했다. 그들이 노획한 일본 무기를 조선 북부의 대장장이들이 복제해 만든 것이었다.* 이렇게 만들어진 총기는 사무라이를 죽이기에 전혀 부족함이 없었다.

이제 수적으로 큰 열세에 처한 일본군은 치열한 저항에 맞닥뜨렸다. 일부 지휘관들은 전 병력이 총을 갖추게 해야겠다는 생각에 사로잡히기 시작했다. 1590년대 조선에서 일본으로 전해진 편지 두어 통에는 그런 견해가 상당히 선명하게 드러나 있다. 그중 하나는 약 1500명의 궁병, 1500명의 총병, 300명의 창병을 이끌고 왔던 어느 지방 영주가 1592년에 쓴 편지다. 그는 이 비율을 바꾸고 싶어했다. "우리에게 총과 탄약을 보낼 수 있게 준비해두시오." 그는 자신의 가신에게 이렇게 썼다. "창은 전혀 쓸모가 없으니."**12**

나가시노 전투에서 17년이 지난 뒤였으므로, 총이 창보다 우월하다는 이야기가 가신에게 새로운 소식

---

*   [원주] 조선은 일본에 비해 기술력이 상당히 낙후된 나라였다. 20세기까지도 조선은 총기 제작에 별 성과를 보이지 못했다. 하지만 조선 군대는 1592년부터 화승총이 훌륭한 살상 무기라는 점을 인식하고 있었다. 종전 직후 편찬된 조선 최초의 총기 교본에는 이렇게 쓰여 있다. "중국에는 이런 총이 없다. 우리는 이것을 왜국 오랑캐에게서 입수했다. 이것은 다른 모든 화약 무기와 다르다. 좋은 것은 갑옷도 관통한다. 사람을 쏘면 총탄이 폐까지 닿는다. 500보 떨어진 버드나무 이파리만이 아니라 엽전의 구멍도 맞출 수 있다. ⋯ 기병이든 보병이든 총은 창보다 열 배 이상, 활과 화살보다 다섯 배 이상 낫다."**11**

이었을 리 없다. 이 편지가 알린 것은 주군의 심경에 일어난 변화였다. 덧붙여 말하자면 당시 일본에는 보낼 총이 여전히 많이 남아 있었다. 피렌체 상인 프란체스코 카를레티가 일본을 방문한 건 조선과의 전쟁이 한창일 때였다. 1597년 그는 필리핀에서 출발한 일본 배를 타고 도착했다. 훗날 그가 메디치가家의 페르디난도Ferdinando 대공에게 보고한 바에 따르면, 당시 일본은 조선에 약 30만 병력을 파견했지만 여전히 수많은 사무라이들이 본토에 남아 있었다. 카를레티는 사냥에 초대받았을 때 그들 대부분이 총을 한두 정 보유하고 있다는 사실을 알아차렸다. 그들이 전쟁터에서 아무리 칼과 활을 선호했다 하더라도, 오리나 꿩, 기러기 등을 사냥할 때는 총을 즐겨 사용했다. "그들은 이 모든 것을 화승총으로 잡았고, 매번 단 한 발에 명중시켰다." 그는 페르디난도 대공에게 이렇게 적어 보냈다.[13]

원정이 끝나갈 무렵 작성된 또 다른 편지가 있다. 당시 일본은, 350년 뒤의 미국과 매우 흡사하게도, 압록강까지 거침없이 밀고 올라갔다가 중국군에 밀려 되내려가고 있었다(당시에도 중국은 전 세계 인구의 약 1/4을 차지하고 있었다). 압도적인 수의 조선군과 중국군에 맞서 울산성을 지키고 있던 아사노 요시나가Asano Yoshi-naga*는 아버지에게 지원병을 요청하는 편지를 썼다.

---

* 　도요토미 집권기와 에도 막부 초기의 영주로, 임진왜란에 참전하

"병사들에게 가능한 한 많은 총을 갖춰서 보내주십시오. 사무라이까지 포함해 모든 병사에게 총을 휴대하라는 엄명을 내려주십시오."[14] 다시 말하자면, 아사노 가문의 무사들은 16세기 후반이라는 시대로 질질 끌려들어갔다. 발버둥을 치고 비명을 지르면서.

여 울산성 전투 등을 치렀다.

4

히데요시의 무장 해제 정책을 제외하면 이 시점, 즉 1597년 겨울의 일본은 다른 유럽 국가들과 상당히 비슷한 상태에 있었다. 심지어 상층 계급의 사고에 있어서도 말이다. 유럽에서는 총기에 대한 반발이 더 일찍 시작됐는데, 이는 총기 자체가 더 빨리 도입됐기 때문이다. 무기의 발전이 더 빠르고 더 많은 살상을 의미하는 것, 인간의 위상을 떨어트린 것은 일본만이 아니었다.

프랑스에서는 블레즈 드 몽뤼크Blaise de Montluc와 바야르Bayard의 영주 피에르 테라이Pierre Terrail[*]가

*　　블레즈 드 몽뤼크는 용병대장에서 육군 원수 지위에까지 오른

사무라이들이 그러했듯 화약 무기를 경멸했다. 잔 파올로 비텔리Gian Paolo Vitelli 같은 일부 이탈리아 장군들은 더욱 그랬다. 그는 자기 군대의 숙련된 검사들이 안전한 거리에 있었음에도 능숙한 총병들에게 저격당한 것을 몹시 치욕스럽게 생각했다. 부티Buti를 성공적으로 포위한 뒤, 그곳에 있던 모든 화승총병의 손을 잘라버릴 정도로 말이다.[1] 하지만 그로 인해 바뀐 것은 없었다. 프랑스와 이탈리아는 연발 소총을 꾸준히 도입했다. 반면 일본에서는 사정이 달랐다. 아사노 요시나가의 시대로부터 40년이 흐르는 동안 화승총이 점차 사라지고 있었다.

"대포와 총은 잔인하고 지옥에 떨어져야 할 무기다. 나는 그것들이 악마의 직접적인 암시였다고 믿는다." 이는 마르틴 루터의 말이다.[2] 하지만 독일은 순조롭게 유럽에서 대포를 가장 많이 제작하는 나라가 되어가고 있었고, 일본은 장장 19세기가 될 때까지 줄곧 갑옷만 제작했다.

그리고 아사노 요시나가가 총을 더 요청하는 편지를 고향으로 보냈던 바로 그해, 셰익스피어는 군 경력을 완전히 저버리기를 선택한 젊은 잉글랜드 군주를 묘사하고 있었다. 총기가 전쟁을 생각할수록 너무 추

입지전적인 인물이며, 피에르 테라이는 르네상스 시기 기사이자 군사령관이다. 테라이는 전투 도중 총탄에 맞아 전사했는데, 이 죽음은 전투 양상의 변화를 예고한 상징적인 장면으로 남았다.

한 것으로 만들어버렸기 때문이었다. ("그러나 이 비열한 총들이 없었다면, 그 자신도 군인이 되었을 터였다.")[3] 하지만 수 세기 뒤의 일을 말하자면, 영국군이 중국인을 체계적으로 총살하는 과정은 셰익스피어가 생각했던 것보다 훨씬 더 잔인했고, 일본에서는 활과 화살의 기나긴 중흥이 이루어졌다.

일단 조선과의 평화를 회복한 뒤, 유럽이 총기 발전에 박차를 가한 반면 일본은 왜, 그리고 어떻게 총기에서 손을 뗄 수 있었고 실제로 그러했는지를 설명하는 이유가 적어도 다섯 가지는 있는 것 같다.

가장 분명한 한 가지 이유는, 화약 무기가 통제 불능이 되고 있다고 느낀 블레즈 드 몽뤼크 같은 사무라이들이 다수 있었다는 것이다. 일본의 무사 계급은 유럽 어느 나라보다도 비대했다. 몇몇 지역에서는 전체 인구의 7~10%에 달할 정도였다. 그 규모가 정확히 얼마나 컸는지 아는 사람은 아무도 없다. 일본 정부는 1590년부터 인구 조사를 시작했지만, 사무라이들은 머릿수를 세는 것을 치욕스럽게 여겼기에 그 과정에서 배제되었다. 인구 조사에서 누락된 것이다. 마침내 그들의 수가 파악된 것은 19세기 후반, 즉 봉건 시대 말기다. 128만 2000명의 상위 사무라이 가문 구성원(이들은 말을 탈 수 있었다)과 49만 2000명의 하위 사무라이 가문 구성원(이들은 칼을 두 자루 찰 수 있었지만 말은 탈 수 없었다)이었다.[4] 첫 번째 인구 조사부터 1870년경까지 내

사무라이와 화약 무기

이러한 권총은 말 위에서 사용할 수 있도록 고안되었다. 따라서 오직 상위 사무라이 가문 구성원들만이 사용할 수 있었다. 일본어로 된 설명문은 귀족 사수에게 이렇게 경고하고 있다. "탄알을 낭비하지 마라. 한 번에 한두 발밖에 쏠 수 없기 때문이다." (the Budo Geijutsu hiden zue, S. Yoshioka Collection, Kyoto.)

내 사무라이 이외 계급의 인구가 상당히 안정적이었기 때문에, 사무라이 인구도 그러했으리라 가정하는 것은 타당해 보인다. 이런 식으로 계산했을 때, 1597년 겨울 당시 무사 계급 인구는 거의 200만 명으로, 이는 전체 인구의 8%에 살짝 못 미치는 수치다.

이와 대조적으로, 1597년 영국의 전사 계급 수는 약 3만 명이었다. 영국에는 60명의 영주, 500명의 기사, 그리고 약 5800명의 지주와 젠트리들이 있었다.[5] 식솔들까지 포함해도 그들은 전체 인구의 0.6퍼센트였다. 유럽에 전사 계급 인구가 1퍼센트를 확실히 넘긴 나라는 없었다.

두 번째 이유는 지정학적인 것이었다. 일본인들은 만만찮은 무사들이었고, 사방이 바다로 둘러싸인 열도는 침략하기 어려웠으므로, 그들은 재래식 무기를 가지고도 영토를 온전히 지킬 수 있었던 것이다. 일본은 중국을 정복하기에는 너무 작은 나라였지만, (그리고 도요토미 히데요시가 죽은 1598년, 일본은 재빨리 그 시도를 철회했다) 누구에게도 정복당하지 않을 만큼 사나운 나라이기도 했다. 포르투갈인들은 정복하려는 시도조차 하지 않았고, 에스파냐인들은 잠시 그런 생각을 품었던 것 같지만 얼른 내려놓았다. 1609년 에스파냐는 태평양에 파견되어 있던 사령관들에게 "우리 군대와 국가의 명성을 떨어트릴 위험을 굳이 감수하지 말라"는 내용이 담긴 칙령을 내렸다.[6] 1620년대 태국에서 에스파냐 군대와 일본 비정규군(대부분 추방된 사무라이들로, 이들은 로닌이라 불렸다) 사이에 교전이 벌어지기도 했는데, 패한 것은 에스파냐 쪽이었다.[7] 중국으로 말하자면, 임진왜란 동안 수많은 전투에서 승리를 거두었음에도 불구하고 그들은 자신들이 결코 전쟁 자체에서는 승리할 수 없었다는 사실을 분명히 알고 있었다. 그들은 명나라 시대에 일어난 이 전쟁에 대해 공식적인 문서에 이렇게 요약, 기록해두었다.

"관백關白(도요토미 히데요시)이 일으킨 침공은 거의 7년 동안 이어졌다. 사상자는 수십만에 달했다. 조선과 중국이 손잡고 싸웠음에도, 승기를 잡을 수 없었다. 오직 관백의 죽음이 전쟁의 참화를 끝낼 수 있었다."

이 중국 사관은 명나라의 마지막 순간까지도(명나라의 통치는 1644년에 끝났다) 사나운 침략자들의 기억이 생생하게 남아 있었다고 덧붙였다. "일본이라는 말만 들어도 거리 사람들은 심하게 동요했다. 여자와 아이들은 놀라서 숨을 죽였다."[8]

세 번째이자 다소 기묘한 이유는, 유럽에 비해 일본에서는 칼이 훨씬 상징적인 가치를 지니고 있었다는 점이다. 따라서 칼을 전부 총으로 바꾼다는 것은 크나큰 상실이 될 터였다.

일본에서 칼은 단순히 싸울 때 쓰는 무기가 아니었다. 칼은 개인의 명예를 드러내는 가시적인 형상이었다. 일본식으로 말하자면 '사무라이의 혼'이었던 것이다. 이는 유럽에서도 마찬가지였다. 권위 있는 이가 검으로 어깨를 두드리는 것이 기사를 임명하는 방식이 듯이. 하지만 일본에서는 칼이 명예의 **유일한** 헌신이었거나, 적어도 한 개인의 성장盛裝을 구성하는 일부분이었다. 1000년 동안 일본의 상위 계층 남성들은 문장紋章이 새겨진 반지(든 다른 어떤 반지든)를 끼지 않았다. 보석도, 훈장도, 금빛 견장도 없었다. 그 모든 것은 그들이 들고 싸우는 칼의 아름답게 만들어진 손잡이와 코등이에 집중되어 있었다.

다시 말해서 일본에서 칼은 중세 유럽에 비해 훨씬 더 큰 사회적 중요성을 나타냈다. 칼을 찰 권리가 없는 사람은 성姓을 가질 자격조차 없었다. 중세 일본의 소작농이나 상인은 둘 다 갖지 못했다. 간혹 평민이 출세하거나 일대 귀족 작위[세습할 수 없는 귀족 작위]를 얻는 경우가 있기는 했다. 이를 묘지타이토苗字帶刀, 즉 성과 칼을 쓸 수 있는 특권이라 했다.[9]

전투용 칼은 중요한 예술품으로서의 의미도 겸비하고 있었다. 400여 년 전, 섭정 히데요시는 혼아미 코에쓰Honami Koetz를 최고의 도검 감정인이라 공인했는데, 그 위상은 오랫동안 대를 이어 전해졌다. 일본 문부성은 1970년대까지도 사무라이의 칼을 조사하고 등록하는 공무원을 임용했다.[10] 칼은 가치에 따라 세 가지 등급으로 등록될 수 있었다. 중요 예술품, 중요 문화유산, 그리고 국보.

후퇴하며 총을 쏘는 모습

이 그림은 등 뒤의 적을 쏘는 특이한 기술을 보여주고 있다. 그림 속 문구는 이렇다. "몸을 왼쪽으로 충분히 구부리고, 오른발을 등자에서 빼내 말 등에 디딘다. 이제 고개를 돌리고 말의 꽁무니 뒤를 겨냥한다."

(S. Yoshioka Collection, Kyoto)

물론 칼은 전 세계에서 예술품으로 평가되지만, 일본인들처럼 강렬한 가치를 매기지는 않는다. 아마도 1582년 한 전투에서 일어난 사건은 오직 일본에서만 일어날 수 있었을 것이다. [센고쿠 시대 무장인] 호리 히데마사Hori Hidemasa 장군은 사카모토坂本에 있는 아케치 미쓰히데Akechi Mitsuhide*의 성을 포위하고 있었는데, 말이 포위전이지 사실상 죽을 때까지 싸우는 것이었다.

전투가 막바지에 다다랐을 무렵, 아케치는 이런 서신을 보냈다. "내 성은 불타고 있고, 나는 곧 죽을 것이다. 내게는 평생토록 소중히 간직해온 훌륭한 검이 많다. 나는 그것들이 나와 함께 파괴되기를 원치 않는다. … 당신이 잠시 동안만이라도 공격을 멈춰준다면, 그리하여 당신에게 이 칼들을 선물로 보낼 수 있다면, 나는 행복하게 죽을 것이다."[11] 호리 장군은 이에 동의했다. 연기가 피어오르는 성에서 담요에 싸인 칼들이 밖으로 옮겨지는 동안 전투는 중단되었다. 다음 날, 성은 함락됐고 아케치는 죽었다. 아마도 행복하게.

일본에서 칼은 오늘날에도 인간 성격에 대한 은유의 원천으로 남아 있다. 인류학자 루스 베네딕트Ruth Benedict가 지적하듯이, 일본인들은 방종한 행위를 "내

---

*   센고쿠 시대 영주 겸 무장으로, 혼노지의 변을 일으켜 오다 노부나가를 사망케 한 인물로 유명하다.

정확한 야간 사격을 하는 법

봉건 시대 일본에는 적외선 단망경이 존재하지 않았지만, 어둠
속에서의 사격 기술이 있었다. 화승을 허리띠에 묶음으로써 총이 몸에
일정한 각도로 고정되게 했다. 일단 목표물을 조준하고 나면, 총이
적절한 높이에 있다고 생각하면서 재장전하고 계속 쏠 수 있었다.
(S. Yoshioka Collection, Kyoto)

몸에 슨 녹"이라 말하는데, 이는 사람의 몸과 칼을 동일시하는 수사학적 표현이다.[12]

하지만 정말로 눈에 띄는 사례들은 칼과 총이 정면으로 맞닥뜨렸을 때 나타났다. 두 가지 예만 들어도 충분할 것이다. 첫 번째는 1575년의 일이다. 나가시노 전투 이후, 전투에 중요한 기여를 한 이들 중 한 명(스물넷의 청년이었던 그는 주로 화승총병들을 데리고 작은 요새를 지켜냈다)은 상관으로부터 엄청난 포상을 받았다. 지위가 높아졌음은 물론 아내, 넓은 영지, 그리고 영웅적 행위에 걸맞은 무기였다. 그것은 성능 좋은 화승총이 아니라 한때 쇼군이 소유했던 나가미츠Nagamitsu라는 칼이었다.[13]

30년 후, 일본 정부는 가장 뛰어난 네 명의 총기 제작자를 가려 영예를 안겨줄 때에도 그들에게 각각 칼 한 자루를 수여했다.[14]

이러한 상징주의는 서양에도 존재한다. 1947년 아이젠하워가 네덜란드 여왕으로부터 받은 것은 보석으로 장식된 칼이었지, 보석 박힌 총이 아니었다. 그러나 서양에서는 수 세기에 걸쳐 단순히 좋은 것과 실제로 쓸모 있는 것 사이에 명확한 구분이 자리 잡았다. 어쩌면 찬탄하며 바라보는 것과 실제로 작동하는 것 사이의 구분이라 말하는 편이 나을지도 모르겠다. 무기에 관련된 이러한 분리를 연구한 존 네프는 이 분리의 마지막 자취를 따라 17세기 초로 거슬러 올라간다.[15]

사령관이 병사들에게 야간 사격 훈련을 시키고 있다. 각자 칼을 두 자루씩 차고, 뒤에 세워져 있는 문장들로 보아 이들은 상위 계급 화승총병으로 보인다. (S. Yoshioka Collection, Kyoto)

그는 그 공로(혹은 비난)를 대부분 북유럽 개신교도들에게 돌린다. 그가 지적한 바에 따르면, 1600년 이전에 유럽의 요새와 전함, 대포는 성능 못지않게 아름다움을 중시하며 만들어졌다. 그것들은 전문적인 예술가들, 특히 화가나 조각가들에 의해 설계되었다. 마치 군사 공학자처럼 말이다.

1670년, 프랑스 조각가 피에르 퓌제Pierre Puget는 툴롱Toulon에서 루이 14세의 명으로 새로운 군함 함대를 설계하는 일을 맡았다. 이 무렵이면 프랑스처럼 보수적이고 귀족적인 나라에서조차 그러한 분리가 거의 완전히 자리 잡고 있었다. 루이 14세의 재상이었던 콜베르Jean-Baptiste Colbert는 개인적으로 퓌제에게 전함들을 너무 아름답게 만드는 일, 특히 조각상으로 꽉 채우는 일을 중단하라는 지시를 내렸다. 콜베르는 이렇게 말했다. "요즘 영국이나 네덜란드가 만든 전함을 보면, 장식품이 거의 없고 회랑回廊은 아예 없소. 이 모든 거대한 작품들은 단지 군함을 더 무겁게 하고 화재에 취약하게 만들 뿐이오. … 퓌제 씨는 마땅히, 배가 아직 창고에 있든 아니면 물 위에 있든 간에 거기 설치된 장식품들을 줄여야 할 것이오."[16]

사무라이들은 결코 아름다운 것과 쓸모 있는 것을 구분하려 들지 않았다. 아니, 적어도 그들이 페리 제독을 맞닥뜨리기 전까지는 그랬고, 이후로도 그들 모두가 두 가지를 구분하지는 않았다. 젊은 영웅의 나가미츠 칼은 나중에 있을 전투에서 실제로 쓰이기 위한 것이었지, 장식장 안에 처박아두기 위해 만들어진 것이 아니었다.

또 한 가지 이유는, 전에 비해 총을 덜 중시하는 풍조가 외부 사상, 특히 기독교와 서양식 사업 태도에 대한 일반적인 반발의 일환으로서 자리 잡았다는 점이다. 1616년 이후 일본에서 기독교 신앙은 불법이었고, 이어 1636년에는 외국인들에게 문을 걸어 잠갔다. 주로 선교사들이 다시 들어오지 못하게 막기 위해서였다. 사업가들의 경우, 17세기의 한 쇼군은 이렇게 말했다. "상인들은 이득을 좇고 탐욕에 빠져 있다. 이런 종류의 가증스러운 무리는 처벌을 면해서는 안 된다."[17]

물론 유럽에서 총은 외부 사상이 아니었다. 설령 그렇다 하더라도 아무도 알아차리지 못했다. 유럽인들에게 총은 그저 오래전에, 14세기나 어쩌면 13세기에 나타난 것이었다. 총이라는 물건이 만들어지는 데 악마가 영감을 주었다면, 그는 유럽인들의 귓가에 속삭이고 있었을 것이다.

다섯 번째 이유야말로 가장 기묘한 것이다. 이는 순수하게 미학적이다. 일본에서 칼이 차지했던 상징적 가치는, 그것을 전투에서 어떻게 다루는가 하는 문제에서는 다소 거리가 있었다. 그러한 상징주의는 거의 모든 무기에 연결 지을 수 있는 것이었다. 예를 들어, 미국 서부에서의 콜트 리볼버가 그랬다. 콜트 리볼

버가 없는 남자들은 발가벗겨졌다고, 남성성을 거의 상실했다고 느꼈다. ("총이 없다니, 왜 총을 구하지 않았지?" 스티븐 크레인Stephen Crane의 〈신부가 노란 하늘에 온다The Bride Comes to Yellow Sky〉에서 등장인물을 조롱하는 대사다) 상징적인 명예는 아프리카에서 투창에 여러 차례 연결되었으며, 아마도 석기 시대 사람들이 던지는 막대기에도 연결되었을 것이다.

이 모든 것과 별개로, 칼은 우아한 몸놀림과 연결지어졌다. 어느 시대에든, 어느 나라에서든, 칼은 그야말로 총보다 더 품위 있는 무기다. 이것이 현대 영화에서 길게 이어지는 총격전 장면은 원초적인 폭력성을 드러내는 반면, 길게 이어지는 칼싸움 장면은 일종의 위험천만한 발레처럼 보이는 이유다.

이는 미국인들조차 상당 부분 인정하는 바다. 하지만 일본인들에게는 추가적인 요소가 있다. 일본의 미학 이론에는 가정교육을 잘 받은 사람의 몸가짐이 어떠해야 하는지(즉 어떻게 서 있어야 하는지, 어떻게 앉아야 하는지, 어떻게 무릎을 꿇어야 하는지)에 관해 상당히 구체적인 규칙들이 존재한다. 일반적으로는 무릎을 모으고, 가능하면 손도 모으는 것이 바람직했다. 이는 이른바 신체와 의지, 힘을 집중시키는 것이었다. 나아가, 양 팔꿈치가 어색한 각도로 튀어나오지 않는 것이 더 좋았다. 일부 일본인 집단에서는 1970년대까지도 이런 규칙들을 지켰다. 다도茶道 같은 의례가 그런 예다.

칼, 특히 양손으로 쥐는 **가타나**かたな*를 사용하는 사람은 자연스레 이런 규칙들 중 많은 부분에 따라 몸을 움직이게 마련이다. 하지만 화승총을 쏘는 사람은 그렇지 않다. 그는 그런 것들을 깨뜨릴 것이다. 뉴욕공립도서관에는 대단히 아름다운 일본 서적의 사본이 있다. 가와카미 모스케Kawakami Mosuke라는 사무라이가 펴낸 일본 최초의 총기 교본이다.[18] 이 책이 나온 것은 도요토미 히데요시가 일으킨 임진왜란으로 총에 대한 수요가 최고조에 달했던 1595년이다. 뉴욕에 있는 사본은 1607년 판본이다.

이 교본은 32장의 그림으로 구성되어 있는데, 그림들은 총을 쏠 때 취하는 일련의 자세를 보여준다. 각 그림에는 이나토미류† 총포술Inatomi Gunnery School의 전문가들이 쓴 해설이 적혀 있다.[19] 대부분은 여느 총기 교본에서도 볼 수 있는 내용이다. 가령 9번 그림에 달린 해설은 앉아서 쏘는 자세에 관한 것인데, "심호흡을 하고 꼭 쥔다"라고 적혀 있다.

그렇지만 일부 설명은 상당히 색다르다. 예컨대

---

* 가타나는 일본도로, 곡선 형태에 칼 한쪽에만 날이 서 있으며, 둥글거나 네모난 손잡이가 특징이다.

† 이나토미 스케나오稻富祐直는 센고쿠 시대 말부터 에도 시대 초기까지 활동했던 총포 연구가로, 임진왜란에도 참전했다. 그는 일본 제일의 총포 전문가로 인정받았으며, 후학들은 스스로를 이나토미류라 칭하며 활동했다.

바윗돌에 총을 기대놓은 채 무릎을 꿇고 있는 모습이 담긴 3번 그림에는 거의 사죄하는 듯한 말이 달려 있다. 우선 저자는 바윗돌에 대해 사과한다. "병사들은 검술로 인해 손목과 팔을 강하게 단련하곤 했다. 이제 그들은 총을 쏘기 위해 이처럼 불편한 자세로 무릎을 꿇어야 한다. 그들은 팔꿈치에 상처를 입을 것이다. 엉덩이에는 생소한 근육통이 일 것이다." 이어 그는 무사 계급 출신 초보 사수에게 심미적인 면을 생각하는 것은 좋지 않음을 상기시켜준다. 정확한 사격을 하려면 기존의 규칙들을 깨야만 한다. "무릎을 꿇은 채 총을 쏘려면 **반드시** 양 무릎을 벌려야 한다."

확실한 것은, 일본인들은 총을 들고 있을 때조차 가능한 한 품위를 지키기 위해 노력했다는 사실이다. 무릎을 꿇고 있는 또 다른 자세를 묘사한 4번 그림에는 이런 설명이 달려 있다. "무릎을 꿇을 때 양쪽 엄지발가락 사이에 7인치를 유지하라. 1인치만 더 벌어져도 보기 좋지 않다." 원래 검술을 가르치는 곳이었던 이나토미류 교사들은 옛 방식을 완전히 잊을 수 없었다.

하지만 이 교본에 실린 가르침은 대체로 효율성이 상당히 떨어졌고, 그런 점에 대해서도 양해를 구했다. 사무라이를 대상으로 한 교본임에도 불구하고 모든 그림에는 농민들이 하는 머리 모양에 농민들이 입는 들보, 즉 훈도시를 입은 남자가 그려져 있다. 마치 교양인이 이런 꼴사나운 자세를 취하는 것은 너무하다

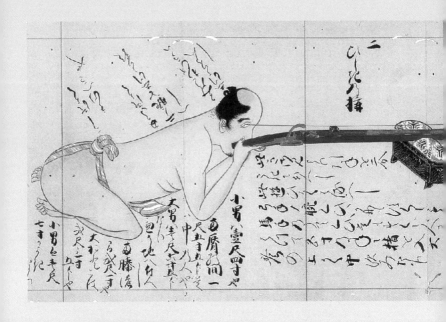

1595년 이나토미 총기 교본

그림 속 인물이 옷을 입지 않은 것은 일본인들이 실제로 (말을 타지 않은 것은 물론이고) 저런 식으로 총을 쏘았기 때문이 아니라, 이 교본을 보는 학생들로 하여금 팔다리 자세를 어떻게 잡아야 하는지 정확히 볼 수 있게 하기 위해서였다. (From Japanese Ms. 53, Spencer Collection, The New York Public Library)

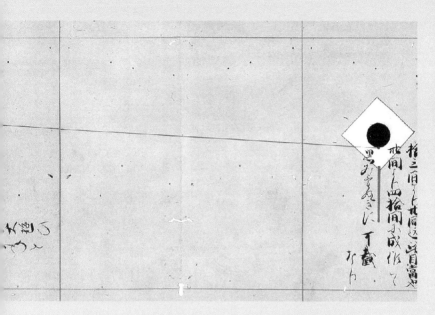

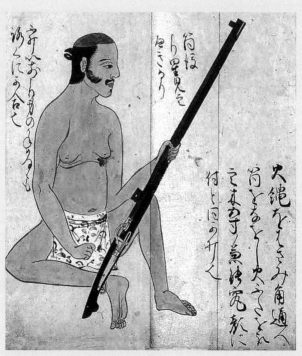

이나토미 총기 교본에 실린 다른 삽화

고 말하는 것처럼. 그림 속 필체조차 평범한 검술 교본에 비해 거칠고 저속하다.

큰 전쟁을 치르는 동안에는 이런 치욕을 감내하려 했을 테지만, 일단 전쟁이 끝나니 그들 입맛대로 돌아간 것이다. 1600년 이후의 사무라이들 대부분은 분명히 그러했다.

일본에서 공식적인 화약 무기 폐기가 있었던 것은 결코 아니다. 다만 극도로 느린 감축이 이루어졌다. "바로 이때 일본은 총을 포기했다"고 말할 수 있는 지점이라고는 없이. 1603년, 《브리태니커》의 '제제스사마', 즉 도쿠가와 이에야스가 도쿠가와 막부 첫 번째 쇼군으로 취임했다. 그는 1600년 세키가하라 전투를 통해 봉건 영주들 사이에서 결정적인 우위를 점했다. 도쿠가와 이에야스는 동시대 인물인 영국의 제임스 1세와 비슷한 권력을 쥐고 있었다. 덧붙여, 두 사람 사이에는 약간의 공통점이 있었다. 이에야스와 제임스 1세는 광범위하게 칙령을 내릴 수 있었지만, 만약 그에 대한 반

응이 좋지 않다면 사람들을 늘 복종시킬 수는 없었다. 예컨대 두 통치자 모두 흡연에 반대해 강력한 처벌로 고통을 줌으로써 사람들이 흡연 습관을 버리도록 했다. 하지만 둘 중 누구도 좋은 반응을 얻지 못했다. (제임스 1세의 반대 이유는 주로 도덕적인 것이었음을 덧붙여야 할 것 같다. 반면 이에야스가 흡연에 반대한 건 전적으로 실용적인 이유에서였다. 지진 때문에 일본의 건축물들은 대부분 목재로 지어졌고, 잠자리에서의 흡연 습관은 빈번히 화재를 일으키곤 했다)[1]

총과 관련된 문제는 다르게 다루어졌다. 이에야스 시대에 일본에는 대규모 총기 제작으로 유명한 지역이 두 군데 있었다. 한 곳은 나가하마長浜였고, 다른 한 곳은 오사카 바로 남쪽인 사카이堺였다. 덧붙여, 수없이 많은 총기 제작자와 화약 제조자들이 일본 전역에 흩어져 있었으며, 그들은 각 지역 통치자들을 위해 일했다. 제2차 세계대전 당시 일본 해군 장교 출신인 아리마 세이호Arima Seiho 제독은 극동 지역의 화약무기에 대해 치밀한 연구를 남겼다. 그는 1601년에서 1604년 사이에 일본에서 총기가 제작된 지역을 열여섯 군데 언급하지만, 그것이 전부라고 주장하지는 않는다. 대포는 오직 나가하마와 사카이에서만 만들어졌다. 특히 나가하마에서 주로 제작됐는데, 1600년에는 이에야스의 명에 따라 8파운드 대포 여섯 문과 6파운드 대포 열 문이 만들어졌다. 하지만 제법 큰 대포도

여전히 존재했다. 1611년 사카이에서 제조된 대포에
는 선명한 글씨가 남아 있다. '시바쓰지 류에몬Shibatsuji
Ryuemon* 제작.'[2]

1607년 도쿠가와 막부는 처음으로 무기 생산 통
제권을 주장하기 시작했다. 그들은 나가하마에서 네
명의 상급 총기 제작자를 선정해 그들에게 칼을 수여
하고, (그리하여 그들은 사무라이 신분을 얻었다) 총기 산업
을 통제하는 일련의 포고령을 내림으로써 그 시작을
알렸다. 하나는 차후로 총과 화약이 오직 나가하마에
서만 생산되어야 한다는 것이었고, 이는 지방 총기 제
작자들이 차례차례 나가하마로 이주해야 함을 뜻했
다.[3] 물론 칼 제작자와 창 제작자들은 그들이 원하는 곳
에 머물 수 있었다. 또 하나는 모든 총기 제작 주문은
사전에 도쿄에서 허가를 받아야 한다는 것이었다. 이
들 규칙을 준수하도록 하기 위해 총기 담당관Commis-
sioner of Guns이 임명됐다. 요컨대, 1607년부터 총기는
중앙정부의 허가 아래에서만 제작될 수 있었다.

이런 칙령들이 딱히 이례적인 것은 아니었다. 많
은 유럽 통치자들은 화약 무기에 대해 비슷한 통제 조
치들을 취했다. 오늘날 핵무기를 생산하는 세계 모든
나라의 정부가 핵무기는 오직 국가만이 보유할 수 있

---

*   그가 제작한 대포는 현재 일본 국보 중 하나로 야스쿠니 신사에
     보관되어 있다.

음을 선언하는 것과 같이. 예컨대 이에야스와 같은 시대를 살았던 프랑스의 앙리 4세는 1601년 칙령에 서명했다. 화약을 만들 권리는 화폐를 주조하는 권리와 마찬가지로 전적으로 정부에 귀속되어 있다는 칙령이었다. 왕실의 허가 없이 화약을 제조했다가는 화약 값의 50배에 달하는 벌금을 물어야 했을 뿐 아니라 장비들을 압수당했다. 허가를 받아 만들었다 해도 비공식적인 판매를 했다면 같은 처벌을 받았다. 만약 화약만이 아니라 총탄까지 만들었을 경우에는 훨씬 더 큰 처벌을 받았다. 화폐를 위조했을 때 그러하듯이, 사형에 처해질 만한 일이었다.[4] 이 모든 일의 통제권은 포병대신 Grand Master of Artillery의 수중에 있었다. 그는 일본의 총기 담당관보다 더 큰 권한을 쥐고 있었다.

영국에서는 꽤 일찍이 헨리 8세가 실질적인 총기 통제권을 쥐려 했다. 그는 정확히 이에야스의 반대편에서 시작했는데, 바로 생산이 아닌 소유권을 제한한 것이었다. 1523년 4월 25일 의회 법령은 연 수입이 100파운드 미만인 이들에게는 화약 무기 소지를 금지했다. 만약 이를 어기면 화약 무기를 압수하고 벌금 40실링을 부과했다.[5] 이는 총기가 오직 상류 젠트리 계층에게만 합법적이었음을 의미한다. 앞서 이야기했듯이 그들은 아주 소수였다. 1528년, 헨리 8세는 인가받지 않은 총을 압수하던 것에서 즉각 폐기하는 것으로 법령을 바꾸었다.[6] 1533년에는 또 하나의 법령이

제정됐는데, 총기 불법 소지에 대한 벌금을 10파운드로 올린 것이었다. 이는 장인master craftsman의 1년치 임금에 달하는 액수였다.[7]

하지만 프랑스에서도 영국에서도 이 같은 법령들이 진지하게 시행된 것은 아니었다. 사람들이 총을 진심으로 싫어하지는 않았기 때문이다. 프랑스에서는 사실상 법령 시행이 불가능했다. 화약이 소수의 대형 공장들에서 제조된 것이 아니라, 프랑스 전역의 수십 개, 혹은 수백 개에 달하는 소규모 공장들에서 제조되었기 때문이다. 프랑스 정부는 그것들을 통합하려는 노력도 하지 않았다. 그들은 대신 (딱히 열성적인 태도는 아니었지만) 모든 공장에 총기 제작 허가를 내린 뒤 생산품을 전부 매입하고자 했다. 한편 영국에서는 헨리 8세의 (불법 사슴 사냥을 위해 총을 쏠 수 있었거나 실제로 썼던) 보통 사람들에게서 총을 몰수하려는 열망과, 영국을 주도적인 군사 강국으로 만들고자 하는 훨씬 더 강한 열망이 끊임없이 충돌했다. 그는 곧 총기 법안에 예외 조항을 마련했다. 해변이나 스코틀랜드 국경으로부터 7마일(약 11킬로미터) 이내의 요새화된 마을에 거주하는 모든 남성에게 적용된 조항으로, "오직 마을의 방어를 위함"이었다.[8]

1543년, 헨리 8세는 돌연히 모든 통제 조치를 폐지했다. 프랑스에 전쟁을 선포한 것이다. 이제 그는 "전쟁과 적대의 시대에 적들에게 골칫거리를 안겨주기 위하여 … 사랑하는 신민들이 권총과 화승총을 다루는 솜씨를 연마하기를 바랐다."[9] 그는 칙령을 내려 16세 이상의 남성이면 누구든 총을 소지하고 사용할 수 있도록 허락했다.

다시 평화가 찾아오자, 헨리 8세는 통제 조치를 부활시켰다. 그는 다시 오직 상류 젠트리 계급만이 (그리고 국경선에서 7마일 이내에 있는 성곽 도시의 남성들만이) 화약 무기를 소유할 수 있도록 했다. 하지만 화약 무기를 회수하는 것보다는 공고문을 돌리는 편이 더 쉬웠다. 그리고 화약 무기를 다루는 기술로 말하자면, 뉴욕의 미국인들이 베트남 전쟁에서 배웠던 파괴 방식을 잊으려 했던 것과 달리, 단지 평화가 선언되었다는 이유만으로 영국인들이 그 기술을 잃을 리 없었다. 더욱이 부활한 통제 조치는 오래가지 못했다. 1557년, 프랑스와의 전쟁이 다시 일어났다. 총기 법안 역시 다시 폐지되었다.

하지만 도쿠가와 이에야스는 총기 및 화약 생산을 정말로 중앙 집권화했으며, 이에야스 자신과 그 후계자들은 통제 정책을 결코 철회하지 않았다. 15대이자 마지막 도쿠가와 쇼군이 통치했던 19세기 중반까지.

이것이 일본에서 총기 통제가 이루어진 양상이다. 1607년의 포고령으로 모든 총기 제작자들이 나가하마에 모였다. 다만 사카이에 있는 이들은 제외였다. 1607년 당시 이에야스의 권력은 아직 사카이를 흔들

만큼 강력하지 않았다. 원칙적으로 말하자면 나가하마의 총기 제작자들은 그들이 받은 주문에 자유로이 응할 수 있었다. 뎃포부교鐵砲奉行, 즉 총기 담당관의 승인을 받은 경우에 말이다. 그러나 실질적으로 말하자면, 총기 담당관은 중앙정부로부터 내려온 주문 말곤 거의 승인해주지 않았다. 중앙정부가 대포 몇 대를 제외하고는 아무것도 사지 않자 지방의 총기 제작자들은 곧 굶주림에 시달리기 시작했다. 1608년 무렵이면 총기 제작자들은 나가하마에서 벗어나 조슈 번으로 돌아가거나, 다네가 섬으로 가 도키타카의 후손들을 위해 일했다. 1609년, 이에야스는 그들에게 나가하마로 돌아오라는 명령을 내렸다. 이번에는 그들에게 일종의 복지 정책을 제공하고자 했다. 뎃포부교는 이제 모든 총기 제작자들에게 봉급을 줄 권한을 부여받았다. 그들이 총을 만들었든, 만들지 않았든 상관없이 말이다. 그들이 해야 할 일은 오직 나가하마에 머물면서 정부의 감시 아래 놓이는 것뿐이었다.[10]

하지만 이조차도 충분한 해결책이 되진 못했다. 일하지 않을 때 받는 봉급은 상당히 낮았다. 그리고 어떤 경우에든 일본의 노동윤리는 강했다(지금도 그렇다). 대다수 총기 제작자들은 그들 자신의 대장간에서 일하기를 원했다. 총기 주문이 들어오지 않아 그들 중 상당수는 칼 제작을 계속했다. 가령 도쿄에서 가장 유명한 두 명의 칼 장인 중 한 명은 나가하마에서 기요타카

18세기경에 그려진 것으로 추정되는 이 우키요에 속에서 장인 대장장이 고로 마사무네가 조수의 도움을 받아 가타나를 벼리고 있다.

Kiyotaka*라는 이름의 총기 제작자로서 경력을 시작했다.[11] 이후 그는 이름을 한케이Hankei로 바꾸고 (당시에는 에도라고 불렸던) 도쿄로 이주했다. 그리고 고로 마사무네Goro Masamune†의 옛 방식에 따라 칼을 만들기 시작했다.‡

칼 제작으로 돌아가지 못했거나, 돌아가려 하지 않았던 사람들에 대해 이야기해보자. 1610년, 정부는 그들에게 조금씩 주문을 넣기 시작했다. 적은 주문량을 상쇄하기 위해 정부는 (아리마 장군의 묘사에 따르면) 무기 각각에 "터무니없이 높은" 가격을 지불했다.[13]

한동안 이런 식으로 일이 진행됐다. 1625년, 정부의 독점권이 제대로 정착하기까지. 그리고 극단적으로 완만한 감축이 시작됐다. 1673년, 일본 정부는 한 해에 53정의 대형 화승총을, 이듬해에 334정의 소형 화승총

---

* 에도 시대에 활동했던 총기 제작자 겸 도검 장인으로, 본명은 노다 젠시로野田善四郎다. 총기 제작자였을 당시에는 기요타카라는 이름을, 도검 장인이 된 후에는 한케이라는 이름을 사용했다.

† 13세기에서 14세기에 걸쳐 활동했던 전설적인 도검 장인이다.

‡ [원주] 일본의 칼은 1600년 이전에 만들어진 고토古刀와 1600년 이후에 만들어진 신토新刀로 구분된다. 그런데 제2차 세계대전 이후로는 1600년과 1700년 사이에 제작된 칼들을 가리켜 긴코토近古刀라 부르며 적당히 높은 값을 매겼다. 골동품 시장은 어느 곳이나 다 비슷하다. 총기 제작자로 일했던 한케이는 단순히 칼 제작법을 익힌 것만이 아니라 신토의 시대, 즉 1600년 이후에 고토를 만드는 방식으로 칼을 제작했다. 아직 도쿄에 있는 그의 칼 중 하나는 몇 년 전 1만 2500달러의 가치가 매겨졌다.[12]

을 매입하는 데 착수했다. 이런 연례 정기 주문은 (앞서 말했듯 칼을 하사받은) 네 명의 총기 제작자 가문들과, 그들에게 딸린 약 마흔 가구의 평범한 총기 제작자들이 근근이 생계를 이어나가게 해주었다. 1706년에는 이 소박한 주문마저 줄어들었다. 이후 80년 동안 나가하마에서는 짝수 해에 대형 화승총 35정이, 홀수 해에 소형 화승총 250정이 만들어졌다.[14] 이 기간 동안 사무라이는 50만 명 이상이었음을 고려하면, 나가하마에서 온 총은 더 이상 전투에서 중요한 역할을 맡지 못했다. (혹은, 1637년 이후로 사실상 전투가 없었으므로 군사 훈련에서 중요한 역할을 맡지 못했다고 해야 할 것이다) 군사용 무기로서 총은 주로 의례적인 행렬에서 사용되었다. 오늘날 창이 영국 대관식에서 사용되듯이.[15] 총과 달리 칼과 창, 활은 여전히 대량 생산됐다.

처음에는 사카이의 총기 제작자들을 통제하는 것이 어려웠다. 지방의 총기 제작자들과 달리 그들은 나가하마로 집단 이주시키기에 수가 너무 많았고, 지역에 단단히 자리 잡고 있었으며, 힘 있는 후원자들이 있었다. 더욱이 사카이는 오랫동안 일본에서 자유 도시에 가장 가까운 지역이었다. 예수회 선교사들은 그곳을 베네치아에 견주기까지 했는데, 정치적인 면뿐만 아니라 복잡한 수로로 구성되어 있어 외형적으로도 닮은 데가 있었다. 수년간 사카이의 총기 제작자들은 도쿄의 도쿠가와 가문과 타 지역의 반半독립적인 영주들간 대립을 틈타 재미를 볼 수 있었고, 실제로 그랬다. 17세기 내내 그들의 사업은 호황을 누렸다.

　　심지어 17세기 초에는 약간의 총을 수출하기까지 했다. 1617년, 영국 동인도회사 대표 리처드 위컴 Richard Wickham은 사카이에 머물며 태국으로 보낼 군수물자를 주문하려 했다. 사카이 부교奉行는 그에게 총기 수출은 완전히 불법이라고 말했지만, 이어 "한 번에 서너 정씩" 사는 게 어떻겠냐고 제안했다. 그럴 경우에는 "못 본 척하겠다"고 말하면서.[16] 결국 위컴은 1.2냥이라는 헐값으로 총 스무 정을 구할 수 있었다. 태국으로 보내는 같은 수하물에는 2급 칼이 몇 자루 섞여 있었는데, 이들의 가격이 각각 1.5냥이었다. 그러나 스무 정의 총은 이전의 수출 주문(예를 들면, 8만 7000자루의 칼이 중국으로 수출되기도 했다)에 비하면 거의 눈에 띄지 않는 것이었다. 그리고 몇 년 지나지 않아서는 이렇게 아주 적은 수하물조차 보낼 수 없게 되었다.

　　일본 내로 시선을 돌리자면, 사카이 총기 제작자들의 형편은 훨씬 좋았다. 1623년부터 1690년까지 그들의 생산량을 보여주는 기록이 남아 있다. 1620년대에는 한 해 평균 290정의 화승총으로 조용히 시작해서 1660년대에는 한 해 2500정으로 전성기를 구가했다. 그 후에는 영구적인 감소 추세였다.[17] 1668년 이후 중앙정부는 사카이에 총을 단 한 정도 주문하지 않았다. 아리마 장군은 1696년 이후로는 중앙정부만이 아니라 다른 누구도 사카이에 주문을 넣지 않았다고 생각했다. 어쨌든 다음 세기 동안 사카이의 총기 제작자들은 점차 줄어 15명쯤이 남았고, 그들은 주로 정부의 수리 주문이나 철제 농기구 제작을 통해 버텨나갔다.[18] 그들은 칼을 두들겨 쟁기로 만들지는 않았지만, 의심할 여지없이 몇 정의 화승총을 개량했다.

†

17세기 중반, 총이 중요한 역할을 한 일본 최후의 전투가 벌어졌다. 1637년의 시마바라의 난*이었다. 기독교가 마지막 숨결을 내뱉은 순간이기도 했다. 이는 선교사 추방으로부터 20년 후이자, 히라도에 있는 소수의 네덜란드인들과 나가사키 만의 작은 섬에 갇혀 있던 소수의 포르투갈 상인들을 제외한 모든 유럽인들에게 문을 걸어 잠그고 1년 후에 일어난 사건이었다.

*　시마바라島原는 원래 기독교로 개종한 아리마 가문의 영지였던 까닭에 주민들 중 기독교도 비중이 큰 지역이었다. 하지만 1614년, 막부의 명으로 시마바라 영주가 아리마 가문에서 마쓰쿠라 가문으로 바뀌면서 문제가 발생한다. 마쓰쿠라 가문은 기독교를 금지하는 막부의 방침에 따라 기독교도들을 철저히 탄압했던 것이다. 종교적 탄압만이 아니라 무거운 세금을 부과했고, 이에 반발하는 자들은 잔혹하게 처벌했다. 결국 주민들 사이에서 불만이 극에 달하면서 1673년 대봉기가 일어나는데, 이는 종교 반란과 농민 봉기의 성격을 동시에 지녀 일본사에서 상당히 중요한 사건으로 자리매김했다.

하라原 성을 중심으로 시마바라의 난을 묘사한 지도로, 시마바라의 난을
그린 많은 그림 가운데서도 정확하기로 손꼽힌다. 17세기에 그려진
것으로 추정된다.

하지만 일본에는 아직 많은 기독교 개종자들이 남아 있었고, 그중에는 수천 명의 떠돌이 사무라이(즉 로닌)들이 포함되어 있었다. 그들은 원래 기독교로 개종한 여섯 봉건 영주들의 가신이었다. 이 영주들은 불교로 돌아가거나, 영지를 잃었다. 1637년, 일본 남부에 있던 옛 포르투갈 세력권의 기독교도 2만여 명이 농민 반란(그들은 예언에 이끌렸다)에 합류해 하라 성을 점령했다. 그들은 상당수의 총을 보유하고 있었는데, 그중에는 시마바라 영주인 마쓰쿠라 가쓰이에Matsukura Katsuie*의 무기고에서 탈취한 총 530정이 포함되어 있었다.[19]

약간의 지체 끝에 정부는 반란을 진압하기 위해 움직였다. 이어진 전투에서 하라 성의 남자들은 단 한 명을 제외하고 모두 죽었다. 그러나 그들은 죽기 전에 공성군 수천 명을 죽였다. 기독교도 반란군들이 불렀던 노래가 여전히 전해진다. 영어로 옮기면 운율이 잘 맞지는 않지만, 전형적인 일본 전투에서 나타나는 끊임없는 포격과 극단적인 잔인함을 선명하게 전해주기에는 충분하다.

화약과 총이 남아 있는 한,

---

* 에도 시대 초기 시마바라의 영주로, 지독한 폭정으로 시마바라의 난이 일어나는 한 원인이 된다. 막부는 이에 책임을 물어 그를 참수형에 처했다.

계속하여 포위군을 물리쳐라.

그들은 우리 눈앞에서

마치 비사飛砂처럼 흩어지니.

적의 총에서 나는 둔탁한 소리를 들어보라. 탕! 탕!

우리의 무기는 답을 돌려준다,

'하나님 아버지의 은총으로,

네놈들 머리통을 날려버릴 테다!'[20]

하지만 이 전투 이후 일본인들은 200년이 넘도록 총을 사용하려 들지 않았다. 사무라이들은 다시 검술 훈련을 시작했고, 승려들은 다시 검은 깃털이 달린 화살을 들었으며, 일본 전역의 장인들은 최고의 갑옷과 칼을 끊임없이, 거의 쏟아내다시피 제작했다. 총이 수행하는 역할이 얼마나 작아졌는가는 1725년 일본 정부 문서를 통해 알 수 있다. 1724년, 조선에서 새로운 왕(영조)이 즉위했다. 일본과 조선은 이미 오래전에 우호 관계를 회복했기에 쇼군은 영조에게 호화로운 선물을 배 한 척 가득 실어 보냈다. 그 목록을 살펴보면 이렇다. 500벌의 육중한 갑옷, 350자루의 칼, 200벌의 가벼운 갑옷, 67대의 창, 마지막으로 23정이라는 초라한 수의 구식 화승총.[21]

새로운 왕에게 보내진 이 화승총들은 그야말로 구식이었다. 일본에서 총 연구 및 개발은 점점 줄어들

다가 선물을 보내기 한참 전에 이미 완전히 중단됐기 때문이다. 일단 대구경 화승총을 제작하는 법을 익혔다면, 총신이 파열되지 않도록 쇠를 강하게 단련시켰다면(일본인들은 이를 매우 빨리 익혔다)*[22] 더 이상 나아갈 데가 없었다. 플린트록flintlock, 즉 부싯돌로 불을 붙이는 총과 (궁극적으로는) 중성자탄을 제외한다면, 2세기 동안 일본인들은 더 나아가지 않았다. 적어도 1636년에는 다음 단계를 알고 있었음에도 그랬다.[23] 당시 히라도의 네덜란드 무역 사절단은 쇼군에게 세련된 새 플린트록 권총 열두 정을 바쳤다. (이는 데지마 섬으로 옮겨지는 것을 피하고자 했던 그들의 마지막 노력들 중 하나였다)

화승총 제작자들이 플린트록을 베껴 제작하는 건 전혀 어려운 일이 아니었다. 나가하마 총기 제작자들

---

* [원주] 초기 일본 총들은 놀라우리만치 완성도가 높았다. 그중 일부는 16~17세기에 두세 세대에 걸쳐 전쟁에 사용됐다. 이후 2세기 동안은 정부 창고에 처박혀 있었지만, 페리 제독 이후 일본이 다시 화약 무기를 활발하게 사용하기 시작했을 때 창고에서 끄집어져 나와 신식 군대를 위한 격발식 소총으로 개조됐고, 매끄럽게 작동했다. 한참 후인 1904년 러일전쟁이 발발했을 때, 그 총들 수천 정은 수동식 노리쇠가 있는 소총으로 다시 한 번 개조되었다. 미국의 총 전문가 로버트 킴브로Robert Kimbrough는 이 두 차례의 다네가시마, 즉 화승총 개조에 대해 이렇게 썼다. "나는 1600년대 중반에 만들어진 수동식 노리쇠 소총을 본 적이 있다. 그건 폭발 없이 현대식 화약을 사용할 수 있게끔 개조된 것이었다! 옛 일본 장인들의 솜씨는 찬사 받아 마땅하다."
물론, 이는 옛 일본 장인들이 총으로부터 등 돌리게 된 건 능력의 부족 때문이 아닌 관심의 부족 때문이었다는 추가적인 증거다.

에게 생산 라인을 구축하는 것은 어린아이 장난 같은 일일 터였다. 하지만 그것을 요구하는 이는 아무도 없었다. 한 세기 전의 도키타카와 달리, 쇼군은 전혀 관심이 없었다. 권총들은 무기고 안으로 들어갔다. 쇼군이 플린트록을 아는 유일한 일본인인 것도 아니었다. 몇 년 후인 1643년, 일단의 지방 사무라이들(17세기 문헌에서 이들은 "출중한 인물들Persons of Quality"로 일컬어졌다)이 네덜란드 배 브레스컨스 호에 초대받아 승선했다. 이 배에는 기술적으로 진보된 무기들이 가득했다. (더 큰 포르투갈 배들을 공격하는 네덜란드 해적들에 넌더리가 난 한 초기 포르투갈 역사학자는 이렇게 기록했다. "네덜란드인들은 훌륭한 포병들이나, 그 점을 제외하면 가망 없는 이교도로서 그들이 구원받을 길은 불타 죽는 것뿐이다.")[24]

당시 관습에 따라 브레스컨스 호 선실 벽에는 여섯 정의 장전된 플린트록 머스킷총이 걸려 있었다. 방문자들은 별 생각 없이 이 총들을 살펴보곤 "호기심에 방아쇠를 당겨 총을 쏴봤다."[25] 그러고 나서 그 배 선원들은 30분 정도 총을 재장전하더니 큰 관심을 보이는 사무라이에게 건네주었다. 사무라이는 항만 관리가 살펴보러 올 정도로 거리낌 없이 총을 쏴댔다. 하지만 이 속사가 가능한 총들을 사겠다며 천 냥, 아니, 심지어 열 냥도 내놓으려는 사람은 없었다.

해안 방비를 위해 중형 대포에 관심을 갖는 정부 관료가 아직 있었음은 사실이다. 1650년까지만 해도 한 네덜란드 포병이 도쿄에 9개월간 머물면서 대형 대포를 주조하는 법을 가르쳤다.[26] 당시 어떤 일이 있었는지 보여주는 자료는 극히 드물며, 네덜란드 포병은 일지를 남기지 않았지만, 일본인들이 굳이 배우고 싶어하지 않았음은 분명하다. 일본에서는 8파운드 대포가 안전하게 만들 수 있는 가장 큰 대포로 여겨졌다. 1853년 페리 제독이 도착했을 때, 해안선 방비를 위해 도쿄 만에 설치된 것도 바로 (대부분 200~300년은 묵은) 8파운드 대포였다. 이 무렵이면 일본인들은 그것을 쏘는 법도 거의 잊고 있었다. 스웨덴 식물학자 칼 페테르 툰베리Carl Peter Thunberg는 1650년 이후 일본을 잠깐 들여다본 소수의 외국 지식인 중 하나였다.* 1776년에 그는 해안 방비용 대포가 7년에 한 번 시험 발사될 뿐이며, 심지어 긴 막대 끝에 성냥으로 불을 붙이는 방식이었다고 기록했다. 또한 그는 "강도와 질에 있어 다른 모든 나라를 능가하는" 매우 잘 만들어진 칼들을 엄청나게 많이 보았다고도 기록했다.[27]

물론 네덜란드인들은 (툰베리조차 네덜란드 무역 사절단을 위해 일하고 있었다. 그것이 일본을 방문할 수 있는 유일

---

* 툰베리는 1775년 일본(물론 나가사키 만 데지마 섬이었다)에 건너가 1년쯤 머물렀다. 그는 그곳에서 식물 표본을 채집하고(그가 지은 《일본 식물지flora Japonica》(1784)는 일본의 식물을 처음으로 집대성해 기록한 문헌으로 꼽힌다) 의학 지식을 알려주는 한편 일본인들에게서 침술을 배우기도 했다.

한 길이었으므로) 신무기에 대한 일본의 완고한 무관심에 당혹스러워했다. 그들은 네덜란드 특유의 방식으로 이렇게 설명했다. 일본이 총기에 무관심한 건 "둔감한 통찰력도 … 익숙한 것에 치우친 집착도 아니며, 일본의 지질학적 구성에서 나타나는 부싯돌flint의 결핍, 그리고 그들의 군사 장비에 필요한 그 어떤 것에 관해서도 외국인에게 의존하기를 완강하게 거부하는 태도" 때문이다.[28] 이는 터무니없는 생각이었다. 일본에는 (예나 지금이나) 부싯돌이 풍부할뿐더러[29] 부싯돌 긁개는 5000년 전 석기 시대 사람들도 사용했던 것이다. 17세기 일본 귀족들은 잠자리에서 흡연을 할 때 부싯돌을 사용해 불을 붙였다. 사실, 유럽의 플린트록은 그런 라이터에서 발전한 것인지도 모른다.

플린트록이 언제, 어디서 출현했는지는 아무도 확신하지 못하지만 폴라드H. B. C. Pollard는 그의 대표 저서 《화약 무기의 역사History of Firearms》에 이렇게 서술했다. "플린트록의 작동 원리는 포르투갈 항해사들이 일본에서 가져온 것일 가능성도 있다. 일본인들은 오랫동안 부싯돌과 쇠 장치가 달린 라이터를 사용해왔다."[30] 그렇다, 곰방대에 불을 붙이기 위해서였다. 총이 아니라. 총을 쓸 마음이 전혀 없는데, 왜 그래야 했겠는가?

일본인들은 단지 총을 쓸 마음이 없었던 것만이 아니었다. 수 세기가 지나면서 그들은 총을 보는 것조차 싫어하게 됐다. 1811년, 러시아 해군 대령 바실리 골로브닌Vasily Golovnin이 쿠릴 열도를 탐험하던 중 일본 북부에서 포로로 잡혀 그를 비롯해 선원 여섯 명은 2년간 억류됐다. (잘 교육 받은 일본인들은 다시 한 번 서양의 무지에 놀라고 말았다. 그들은 포로가 된 네 명의 일반 수병 중 자기 이름을 쓸 줄 아는 이가 단 한 명도 없다는 사실을 믿기 힘들어했다)[31]

러시아 해군이 마침내 그들의 석방을 합의 받은 1813년, 그들을 태우기 위한 전함 한 척이 하코다테函館로 보내졌다. 사령관은 장교 두 명, 부사관 두 명, 머스킷 총을 든 수병 열 명으로 구성된 의장대와 함께 상륙하는 것을 제의했다. 일본 관리는 단호하게 거부했다.

"일본을 방문하는 목적이 무엇이든 간에, 외국 사절이 화약 무기를 지닌 수행단을 동반하여 의례를 치르게 했다는 전례는 들어본 적이 없습니다. 나가사키에 있는 다른 유럽 사절들에게 보여준 것과 같은 존중의 표시에 만족하십시오. 다시 말해서, 당신 수행단은 칼을 차는 것은 허용될 것이나, 머스킷총은 두고 와야 합니다."[32]

골로브닌 대령은 우연히 하코다테 해안의 포대를 살펴볼 기회를 얻었다. 그는 표트르 대제 시대로 돌아간 듯한 인상을 받았다고 말했다. 포상砲床[포를 설치하여 놓은 대]들은 "너무나도 어리석게 배치되어 있어서 그들(일본인들)이 포격의 규칙을 아예 이해하지 못할 뿐만 아니라 아마 포격 경험도 전혀 없으리라는 사실을 드러내고 있었다."[33]

적어도 골로브닌은 골동품이나마 진짜 대포를 봤다. 하지만 때로는 그조차도 없었다. 골로브닌이 석방된 지 30년 후, 뉴욕주 남부 도시 포킵시Poughkeepsie에서 온 포경선 한 척이 골로브닌이 포로로 잡혔던 지점에서 멀지 않은 데서 좌초되어 침몰했다. 이등 항해사였던 조지 하우George Howe라는 청년과 몇몇 선원들은 에토루푸Etorufu 섬*의 주요 항구에 도달했다. 1846년 6월 4일이었다. 훗날 하우는 이런 기록을 남겼다. "우리가 해변에 접근했을 때, 흡사 진지陣地처럼 생긴 것이 보였다. 하지만 가까이 다가가자 그것은 약 0.75마일(약 1.2킬로미터)에 걸쳐 펼쳐진 천 조각이었고, 그 위에 대포를 갖춘 진지의 형상이 그려져 있었다. 우리가 상륙했을 때, 칼과 창으로 무장한 60여 명의 사내들이 우리를 향해 달려왔다."[34]

이 광경을 봤다면 다케다 가쓰요리와 오다 노부나가는 아마 자신들의 눈을 의심했을 것이다.

---

*   쿠릴 열도에 자리한 섬으로, 일본과 러시아가 소유권을 놓고 논쟁을 벌이고 있다. 이투루프Iturup 섬으로도 알려져 있다.

나머지 이야기가 곧 이어진다. 물론 근대 무기들은 일본으로 돌아왔다. 10인치 함포들과 64파운드 강철 대포[*1]로 무장한 페리 제독의 함대가 도착하기도 전에, 소수의 일본인들은 무기 개발을 재개할 것을 요구하기 시작했다. 1809년, 중무장한 영국 소형 구축함 한 척이

---

*   [원주] 64파운드 강철 대포들은 해변의 작은 대포들보다 훨씬 컸으므로, 페리 제독 휘하의 장교들은 자기네 대포에 일본 포환을 장전해 그 주인들, 즉 일본인들을 향해 쏘아 돌려줄 수도 있다고 허풍을 떨어댔다. 1592년 가토 기요마사의 부하들도 아마 조선의 작은 대포를 두고 그렇게 말했을 것이다.

나가사키 만에 난입했던 일*에 자극을 받아 사토 노부
히로Sato Nobuhiro†는《세 종류의 화약 무기 사용법How
to Use Three Types of Firearms》이라는 책을 써 은밀히 출
판했다. 구축함을 격퇴할 수단을 개발하고자 하는 열
망으로, 그는 "새로운 천둥과 황금–자주색 종이라고
이름 붙인 두 종류의 기적적인 탄환"을 발명하기도 했
다.[2] 1828년, 마침내 또 다른 근대화론자는 1636년 네
덜란드 무역업자들이 가져왔던 것에 착안하여 부싯
돌 화약 무기flintlock weapon를 맹렬한 기세로 실험하기
시작했다. 그는 일본 부싯돌을 사용했다. 1852년, 즉
페리 제독이 도착하기 한 해 전에 사쿠마 쇼잔Sakuma
Shozan‡이라는 세 번째 근대화론자가 도쿄 인근의 해안
포대 열 곳을 개인적으로 조사했다. 열 곳 모두에서 그

---

*　　페이튼 호 사건을 말한다. 1808년 10월 영국 군함 페이튼 호가
　　나가사키 항에 침입하여 적대 관계였던 네덜란드 상관원 두 명
　　을 나포했던 사건이다. 당시 네덜란드는 일본이 유일하게 교역을
　　허락한 서양 국가였으니 일본 관리들은 네덜란드인들을 보호할
　　의무가 있었음에도 계속 페이튼 호 함장에게 끌려다니는 굴욕적
　　인 모습을 보였고, 이는 에도 막부가 서양 세력이 저자세를 취한
　　최초의 사례로 남았다.

†　　에도 시대 후기의 국학자, 경세론자로, 학문을 폭넓고 다양하게
　　닦아 경제, 외교, 국방, 교육 등 다방면에 걸쳐 정책을 제안했다.
　　전쟁과 포술에도 관심이 많아《철포궁리론鐵炮窮理論》이라는
　　책을 쓰기도 했다.

‡　　에도 시대 후기 사상가로, 아편전쟁 결과에 충격을 받아 서양 학
　　문에 관심을 기울이게 되었다. 그는 일본의 쇄국 정책을 비판하
　　고 세계로 진출할 것을 주장했다.

는 6파운드 및 8파운드 포, 그것도 대부분이 1620년 이전에 제작된 포로 무장되어 있음을 발견했다. 배치로 말하자면, "어처구니가 없었다. 어느 곳도 방어 시설로서 제 구실을 할 수 없었다." 그는 이렇게 덧붙였다. "나는 가슴을 치며 오랫동안 흐느꼈다."[3]

하지만 이러한 근대화론자들은 칼과 활에 대한 보편적인 선호에 거의 아무런 영향도 끼치지 못했다. 일본에 화약 무기 재도입을 야기한 이는 다름 아닌 페리 제독이었다. 다수의 일본 지도층 인사들로 하여금 미래의 페리들을 도쿄 만 밖으로 몰아낼 유일한 방법은 바로 그들이 보유한 10인치 함포뿐이라는 것을 깨닫게 함으로써. 그때까지도 심상치 않았던 저항은 낡은 봉건 체제가 무너지고 9년이 지난 뒤인 1876년에야 끝을 맺었다. 마지막 쇼군이 물러났고, 막부는 폐지됐으며, 300명의 봉건 영주들은 공무원들로 대체되었다. 근대적인 군사 체계와 군대를 갈망한 새로운 정부는 이제 사무라이들이 칼 두 자루를 차고 다니는 것을 금지했다.*

많은 사무라이들에게 이는 마지막 지푸라기였다. 1876년 10월 24일 밤, 갑옷을 입고 칼을 찬 170명의 사무라이들이 구마모토熊本에 주둔 중이던 국군 부

---

*　이러한 폐도령廢刀令 밖에도 1873년 상층 계급인 사무라이로 구성된 군대를 일반인에게 개방하는 국민개병제를 실시하고, 1876년에는 사무라이들에게 지급되던 녹봉제를 폐지하는 등 사무라이들에게서 큰 반발을 샀다.

대를 습격하여 사령관을 포함해 300여 명을 죽였다.*4
이 습격은 결국 실패로 끝났지만, 이듬해 약 4만 명의
사무라이들이 가담한 전면적인 반란으로 이어졌다. 그
들을 진압하기 위해서는 육군 전체를 동원해야 했다.
단 한 명을 제외하고. 바로 육군 원수 사이고 다카모리
Saigō Takamori†였다. 그는 사쓰마 반란‡에 가담했으므로
진압에 동참할 수 없었다.

---

*   신푸렌의 난神風連の乱을 말한다. 폐도령 등 메이지 정부의 개
       혁 조치들에 반발한 히고 출신의 보수 단체 경신당敬神党 소속
       사무라이 170명이 1876년 10월 24일 구마모토 현령의 집과 군
       사령관의 집을 습격하여 네 명을 살해한 뒤, 이들을 토벌하기 위
       해 나선 정부군과 교전을 벌인 사건이다. 이들은 정부군에 300여
       명의 사상자를 냈지만, 결국 대부분은 할복자살하거나 체포되었
       다. 이 사건은 메이지 정부의 개혁 정책에 대한 사족 집단의 불만
       이 처음 폭발한 것으로, 이후 '아키즈키의 난'과 '하기의 난'을 거
       쳐 이듬해 '세이난 전쟁'으로 이어졌다. 신푸렌은 경신당의 별칭
       이다.

†   에도 시대 말에서 메이지 시대 초에 활동했던 사쓰마 출신 정치
       가이자 군인이다. 막부를 폐지하고 메이지 유신을 이루는 데 지
       대한 공을 세워 가쓰라 고고로, 오쿠보 도시미치와 함께 유신삼
       걸이라 불렸다. 하지만 유신 정부와 점차 반목이 커지던 끝에 세
       이난 전쟁을 일으켰으나 패배하고 할복자살했다.

‡   세이난 전쟁을 말한다. 메이지 정부의 개혁 정책에 반발한 규슈
       지역 사족 집단이 유신삼걸 중 하나였던 사이고 다카모리를 구
       심점으로 하여 1877년 1월에 일어난 반란이다. 반란군은 약 8개
       월에 걸쳐 정부군과 일진일퇴의 치열한 공방전을 벌였지만 결국
       패배했다. 세이난 전쟁의 패배로 반정부 세력은 급속히 약화되었
       다. 세이난 전쟁은 메이지 시대에 일어난 반란들 중 가장 규모가
       컸으며, 일본사 최후의 내전으로 남아 있다.

    1877년 당시 일본에 체류하던 한 미국인 교사가 반란군에 대해 남긴 묘사가 있는데, 이는 1575년 다케다 가쓰요리의 군대에 대한 서술과 매우 흡사한 구석이 있다. 묘사에 따르면 그들 대부분은 "봉건 시대의 날카로운 양손검을 지니고 있었으며, 단검과 창도 갖추고 있었다. 귀족 사무라이들은 가까운 헤이민へいみん(농민 병사)의 숙영지로 쳐들어가면 쉽게 궤멸시킬 수 있으리라는 것이 그들의 판단인 듯했다." 설령 헤이민들이 개량된 화승총과 근대식 프랑스제 소총으로 무장하고 있다 해도 말이다.[5] 다케다 가쓰요리였다면 사무라이들에게 다른 말을 해줄 수도 있었다. 1637년 반란(시마바라의 난)에 대해 역겨움을 드러냈던 가미香美[일본 남부 시코쿠四国 섬에 자리한 소도시] 지역 통치자였던 마쓰다이라Matsudaira 역시 그럴 수 있었다. 그는 "[시마바라에서는] 병사와 농부 간에 차이가 없다. 화약 무기가 사용됐기 때문이다"라고 말했다.[6]

    정작 미국인 교사 자신은 별 확신이 없었다. 몇 년 전 교토에서 사무라이 두 명이 완전 무장을 하고 총을 든 영국 기마병 열두 명(그들은 대사관 경비병이었다)을 공격했던 일이 떠올라서였다. 두 사무라이는 현란한 검술로 아홉 명에게 중상을 입힌 반면, 경비병들은 그들에게 총상을 입히지 못했다. 단 한 발도.[7] 하지만 도시 게릴라전은 예외적인 경우다. 칼과 총 사이의 전면전은 오직 한 가지 결과만 낳을 수 있고, 1877년의

1876년 10월 24일, 170명의 성난 사무라이들이 메이지 정부에 대한
불만으로 구마모토 성을 습격한다.
위 그림은 군사령관 다네다 마사아키Taneda Masaaki를 공격하는
사무라이들을 묘사한 것이다. 이 사건은 '신푸렌의 난'이라고도 불린다.

1877년 쓰키오카 요시토시가 그린 세이난 전쟁의 한 장면.
사무라이들(반란군)과 정부군이 싸우고 있다. 바닥에 총 한 자루가
떨어져 있지만, 싸우는 이들은 전부 창이나 칼을 쓰고 있다.

반란(사쓰마 반란)은 거의 나가시노 전투의 전철을 밟았다. 사실 사쓰마 전투에서 쓰인 화약 무기가 훨씬 근대적이라는 점을 감안한다면, 두 전장은 놀라우리만치 비슷하다. 1878년 2월 17일, 18일에 일어난 주요 전투에서는 무장한 사무라이들의 일대일 결투가 많았다. 정부는 반란군을 상대하기 위해 허겁지겁 북부 사무라이들을 입대시켰다.[8] 분명 그중 일부는 자기소개부터 시작했을 것이다. 그러나 그들이 맞댄 칼이 번뜩이는 순간에조차, 대기는 정부가 매일 발사한 (평균적으로 따져서) 32만 2000발의 총탄과 1000발의 포탄으로 가득했다.[9]

1870년대에 일본에 체류하고 있던 또 다른 미국인, 보스턴 출신 선장 존 허버드John Hubbard는 전투가 있었던 다음 날 전장을 둘러볼 기회를 얻었다. 그가 보기에 두 가지가 인상적이었다. 하나는 포획된 반란군의 무기 더미였다. 약간의 소총(대부분은 개량되지 않은 화승총이었다)은 포획된 칼의 수에 비하면 완전히 무색할 정도였다. 칼들은 "지면에서 최소 10피트(약 305센티미터) 넘는 높이"로 쌓여 있었으며, "전부 크기도 길이도 제각각이었다. 굉장히 거칠게 사용된 것처럼 보였다." 다른 하나는 반란군의 방어 시설이었다. "여기서 놀랍게도 나무 대포 두 개를 발견했다. 하나는 8피트 6인치 길이에 구경은 9인치였고, 두 개의 속이 빈 나무토막으로 만들어졌으며, 전체 길이에 대나무 고리로 테를 둘

렀다. 그것은 ⋯ 사용된 적이 없는 것 같았지만, 언제든 사용할 수 있게 모래주머니 더미 위에 놓여 있었다. 다른 하나는 좀 더 작았다. 6피트 정도 길이였다. 그것은 근처에 해체된 채로 놓여 있었다. 발포 뒤에 심하게 파열된 것이었다."[10] [사카이에서 대포를 만들었던] 시바쓰지 류에몬과 동료들은 그런 원시적인 무기에 기겁했을 것이다.

10년 후라면, 그들은 변화에 놀라고 말았을 것이다. 1878년부터 현재까지 화약 무기에 대한 일본의 태도는 여느 선진 산업 사회와 거의 다를 게 없다. 뒤로 되돌려졌던 시계는 어마어마한 속도로 다시 앞을 향해 돌려졌다. 1900년 이전에 일본은 다시 군사적으로 서양을 따라잡았다. 핵 세상이 된 오늘날의 관점에서 볼 때, 250년에 걸친 일본의 기술적인 퇴보는 별 의미가 없는 것처럼 보인다. 역사적 호기심의 대상, 그리고 아마도 문명사회에서 의도적인 퇴보가 실제로 가능하다는 증거라는 점을 제외하면 말이다.

그렇지만 동시대인들이 직접 본 바에 따르면, 그것들은 별개의 문제였다. 이런 견해를 가진 사람들 중 가장 유명한 이는 독일 과학자 엥겔베르트 캠퍼Engelbert Kaempfer였다. 그는 총이 버려진 지 두 세대가 지난 17세기 후반에 일본에서 2년을 보냈다. (물론 네덜란드 무역 사절단에서 일했다) 캠퍼 박사는 바로 그 두 세대 동안 화약 무기를 너무나 열광적으로 사용했던 유럽에서 자랐는데, 당시 독일은 인구가 반 토막 나 있었다. 일부 지역은 땅값이 전에 비해 20분의 1 정도로 떨어져 있었고, 인육을 먹는 일이 꽤 흔했다. 한 독일 공국에서는 성인 남성이 너무 드문 나머지 살아남은 가톨릭 사제들은 결혼하라는 권유를 받았으며, 다른 남자들은 아내를 두 명 얻었다.[11]

캠퍼 박사는 자신의 세 권짜리 저서 《일본의 역사History of Japan》 마지막 단락에서 현저히 다른 일본의 상황을 이렇게 요약했다. "결속되어 있고 평화롭다. 신들을 경배하는 것, 법규를 준수하는 것, 상급자에게 복종하는 것, 이웃을 사랑하고 존중하는 것이 마땅하다고 배운다. 정중하고, 친절하고, 도덕적이다. 예술과 산업은 다른 모든 나라를 뛰어넘으며, 훌륭한 국가의 품격을 지니고 있다. 상호 간의 무역 및 상업을 통해 부유해졌고, 용감하며, 모든 생필품이 풍부하게 공급된다. 그들은 평화와 평온의 과실을 누리고 있다. 그들이 예전의 느슨한 삶의 방식을 반성한 것이든 지극히 먼 시대의 역사를 참고한 것이든 간에, 이러한 번영은 그들에게 자신들의 국가가 지금보다 더 행복한 상태였던 적은 없었음을 확신시킬 필요가 있다."[12]

물론 시곗바늘을 거꾸로 돌린다는 생각은 서양에서 여러 차례 제기되었던 바 있다. 모리 나가요시처럼 총상으로 인해 목숨을 잃은 바야르Bayard는 몹시 기꺼워했을 것이다. 엘리자베스 1세 여왕은 생각에서 그치지 않고 실제로 시간을 아주 조금 되돌린 적이 있다. 그녀의 신하들 중 윌리엄 리William Lee라는 사람이 편물기編物機를 발명했다. 그는 영국에서 양말을 짜던 보편적인 방법, 즉 인간의 손을 기계로 대체하고자 했다. 이 초기의 미미한 자동화 기계는 여왕의 사촌인 헌스던Hunsdon 경의 관심을 얻는 데 성공했다. 헌스던 경은 리에게 특허를 내줄 것과 공장을 세우는 데 왕실 자산

을 투자할 것을 청원했다. 여왕은 둘 다 허락하지 않았다. 그녀는 이렇게 말했다. "경, 나는 뜨개질로 연명하는 내 가난한 백성들을 너무나 사랑합니다. 그들로부터 일거리를 빼앗아 몰락하게 만들 수 있는 발명품에 돈을 대기에는 말이죠."[1] 1589년의 일이었다.

우리 시대에, 특히 아널드 토인비Arnold Toynbee는 시간을 꽤 되돌리고 싶어했다. 그는 사람들이 근대 기술을 남용하지 않을 거라고 믿을 바에는 차라리 유치원생들이 기관총을 갖고 노는 것을 믿는 편이 낫겠다고 주장했다. 토인비는 이런 글을 남겼다. "지난 300년 동안의 모든 기술적 발전을 해체하는 데 투표할 수 있다면, 우리 중 많은 이들이 표를 던질 것이다. 우리가 사회적으로나 도덕적으로나 낙후된 상태에 머무르더라도, 인류의 생존을 지키기 위해서 말이다."[2]

식물학자 르네 뒤보René Dubos 같은 일부 과학자들은 기술의 시계를 되돌리는 것까지는 아니더라도 지금 순간에 얼마간이라도 멈춰 서는 것을 보고 싶어했다. 뒤보 박사의 마음을 움직인 것은 이제 우리 모두가 서로를 죽일 수 있고 또 그렇게 하리라는 두려움보다는, 우리가 천연자원을 무분별하게 소모하는 데 대한 불안감이었다. 불안감을 느낀 다른 이들과 달리, 그는 2000년 무렵이면 우리가 (기술적으로 말해서) '안정적 국면'을 보존할 필요성에 내몰릴 것이라고 예측했다.[3]

그렇지만 진지하게 시계를 되돌리기를 바라는,

심지어 멈춰 세우기를 바라는 이들의 수는 여전히 매우 적다. 이 문제를 고려해본 사람들 대다수에게는 너무나 강력한 반대 이유가 두 가지 있다. 첫째, 일본의 경험을 무시한 채(혹은 아예 알지 못한 채) 그들은 지속적인 문화 안에서 기술을 역행시키는 것은 가능하지 않다고 가정한다. 둘째, 만약 어떤 기적으로 (예컨대 토인비가 생각한 투표가 이루어지고 신이 돕는 것과 같은) 인해 그런 역행이 가능해진다면, 그들은 퇴보나 침체 같은 결과로 이어질 거라고 생각한다. 그들은 기술을 역행시킬 것인가 말 것인가 하는 선택이 모든 분야에서의 지속적인 발전 아니면 암흑시대로의 회귀로 본다. 요컨대 중성자탄과 생물유전공학을 계속 추진하거나, 치과 진료와 유리창을 포기하거나 둘 중 하나라는 것이다. 그들은 기술의 선택적 통제가 불가능하다고 생각한다.

하지만 도쿠가와 시대 일본의 역사는 이런 우울한 견해를 뒷받침하지 않는다. 일본인들은 분명 선택적 통제를 실행했다. 그들은 무기 개발을 완전히 중단했다. 아니, 엄밀히 말해 후퇴했다. 그러면서도 다른 수십 가지 분야에서는 진전을 이루었다. 천천히, 확실하게. 17세기부터 19세기 초까지 기술적인 변화는 서양보다 일본에서 훨씬 완만하게 나타났다. 그것이 인간 사고에는 더 적합한 속도였을지도 모른다. 도쿠가와 시대 일본에는 미래 충격*이 존재하지 않았다. 그러나 그것이 일어났다. 일본은 퇴보하지도, 침체되지도 않왔다.[4] 분명 퇴보한 요소들과 침체된 지역들이 있긴 했다. 하지만 그것은 대부분의 시대에 대부분의 사회에도 있었다. 국가를 하나의 완전체로서 보면 건강을, 활력을 확인할 수 있다.

예를 들어 17세기, 총이 축출되고 있던 바로 그 시기에 일본은 상수도 시설 구축을 계획했다. 도쿄는 인구가 약 50만에 달했던 1640년대에 상수도가 놓이기 시작했다. 도쿄의 두 번째이자 주요 상수도는 1654년에 완성됐는데, 길이가 25마일(약 40킬로미터)에 달했다. 뉴욕의 첫 번째 상수도는 약간 더 길어서 33마일쯤(약 53킬로미터) 됐지만, 이는 1842년에야 만들어졌다.[5] 1654년 당시 뉴욕에서는 수동식 펌프로 물을 공급받았다.

사실 도쿄의 두 상수도도 아주 특별한 사례는 아니었다. 적어도 도쿠가와 막부의 엄청난 부나 새로운 수도首都에 대한 애정만큼 대단한 기술적 진보를 반영하지는 못했다. 이 시기에 일본 전역에서 대규모 용수로用水路가 나타나기 시작했기 때문이다. 일본은 산이 많아 단단한 바위를 뚫고 터널을 내야 했음에도 불구하고 말이다. 이렇게 만들어진 수로들은 상당히 우수한 공학 작품이었다. 초기에 만들어진 것 중 하나인

---

*   급격한 사회적·기술적 변화에 대응하지 못하는 데서 오는 심리적·육체적 충격.

가사이 수로는 1660년부터 운영됐는데, 바로 그즈음에 마지막 대포가 만들어진 후 200년간은 대포가 더 만들어지지 않았다. 가사이 수로는 40마일(약 64킬로미터) 길이에, 2만 에이커(약 81제곱킬로미터)의 논에 물을 댔다.[6]

이제 야금술과 광산업으로 눈을 돌려보자. 도쿠가와 이에야스가 권력을 잡기 수백 년 전부터 일본인들은 이름난 금속공이었다. 대포가 사라지고 소형 무기 생산이 줄어든 상황에서, 갑옷과 칼의 수출 시장이 완전히 폐쇄된 상황에서, 1637년 이후 철저한 평화가 유지된 상황에서, 의지할 국방 예산이 거의 없는 상황에서, 고도의 기술적 수준이 떨어지게 될 이 모든 상황에서 사람들은 퇴보의 기미를 찾을지도 모른다. 실상은 전혀 그렇지 않았다. 발전이 이루어졌다. 예를 들어, 1697년부터 금은 제련에 수력 제분소가 사용되기 시작했다.[7] 거의 같은 시기에 텐빈 후이고tenbin-fuigo라는 신형 풀무가 개발되어 철 제련에 사용됐다.[8] 그리고 광업에 관한 최초의 기술 서적이 출판됐다. 1691년 구로사와 모토시게Kurosawa Motoshige가 펴낸 《광업에 관한 중요한 요약》이었다.[9] 다음 세기, 즉 18세기에는 탄광 깊은 곳에서 광석을 폭파시키는 데 화약이 사용되기 시작했다. 이 모든 것을 이루는 데 전쟁이 필요하지는 않았던 것이다.

마찬가지로, 좀 더 이론적인 분야에서 발전을 이

루는 데 외부와의 접촉이 필요하지도 않았다. 수학을 살펴보자. 모든 수학자들이 알다시피, 이 분야는 17세기의 위대한 두 인물, 즉 뉴턴과 라이프니츠가 지배했다. 둘은 동시대 인물로, 한 명은 영국인이고 또 한 명은 독일인이다. 뉴턴은 1642년에 태어나[*] 1727년에 죽었고, 라이프니츠는 1646년에 태어나 1716년에 죽었다. 독립적으로 연구했던 그들은 각각 미적분학을 발견했다고 주장했다.

같은 시대에 동등한 명성을 지닌 세 번째 인물이 존재했다는 사실을 아는 수학자는 극히 드물다. 실제로 그는 뉴턴과 같은 해에 태어났다. 세키 다카카즈Seki Takakazu[†]는 와산ゎさん이라는 순수한 일본식 수학을 만들어낸 위대한 인물이었다. 그는 유럽의 영향을 전혀 받지 않았다. 뉴턴과 라이프니츠가 그를 알지 못했듯, 세키 다카카즈 역시 그들을 알지 못했다. 이는 그가 와산으로 3차 방정식을 푸는 것을 막지 못했으며, 음수나 허근을 처리하는 것도 막지 못했다. 심지어 1686년에 행렬 개념을 도입하는 것도 막지 못했다. 이는 라이프니츠가 행렬 개념을 유럽에 소개한 것보다 훨씬 앞선 일이었다.[10] 세키도 혼자는 아니었다. 그의 후계자들 즉

---

[*]   율리우스력 기준으로는 1642년 12월 25일 출생이나, 현대에 통용되는 그레고리력 기준으로는 1643년 1월 4일 출생이다.

[†]   에도 시대 수학자로 행렬, 방정식, 미적분 등의 연구에서 큰 성과를 거두어 '일본의 뉴턴'이라 불린다.

아라키Araki, 마쓰나가Matzunaga, 야스지마Yasujima, 우치다Uchida는 이후 200년 동안 꾸준히 와산을 발전시켰다. (꼭 덧붙여야 할 말이 있는데, 일본인들은 그야말로 수학에 뛰어나다는 점이다. 그들은 페리 제독 이후 와산에서 벗어나 서양의 수학을 익혔고, 계속해서 빛을 발하고 있다. 1977년 에드윈 라이샤워Edwin Reischauer는 일본 교육에 대해 이런 글을 남겼다. "교육적 성취의 일반적인 수준은 언어적 장벽에 가로막혀 측정하기 쉽지 않지만, 수학 분야에서와 같이, 일본인들은 세계에서 첫 번째 반열에 오르는 경향이 있다.")[11]

농업 분야에서도 마찬가지로 도쿠가와 시대에 걸쳐 많은 발전이 이루어졌다. 양날 쟁기, 징 박힌 바퀴 모양의 감자 파종기, 구사케주리くさけずり라는 제초기가 도입됐다.[12] 이러한 새로운 기계들과 꾸준한 작물 연구의 결과물은 도처에 나타났다. 비단 생산량은 1600년에서 1700년 사이에 두 배로 늘었고, 1700년에서 1800년 사이에는 네 배로 늘었다.[13] 1600년 175종이었던 쌀 품종은 1850년에 약 2000종으로 늘었다.[14]

모든 분야에서 이런 발전이 이루어졌던 것은 아니다. 일본은 1867년 도쿠가와 막부가 무너지기 전까지 산업혁명을 겪지 않았다. 앞서 서술한 변화들은 전반적으로 천천히, 별 탈 없이 자리 잡았다. 이는 정의상 산업혁명이라 보기 힘든 것이었다. 하지만 그런 길고 평온한 시기의 비교적 안정적인 경제 및 문화 속에는 거의 모든 종류의 변화가 내재되어 있었다. 이전의 어떤 예와도 전혀 다른 사례를 제시하자면, 18세기 동안 일본의 우편 서비스는 비약적으로 발전했다. 1774년 필라델피아에서 첫 번째 대륙회의Continental Congress 가 열렸을 때, 도쿄나 가고시마 일대에는 갑옷 입은 기사들이 활보하고 있었다. 그러나 두 도시 사이의 편지, 혹은 옻나무 묘목 같은 화물은 필라델피아와 사바나 사이보다도 훨씬 더 빠르게 운송되었다.[15]

의학 분야도 살펴보아야 한다. 의심할 여지없이 일본 의학은 서양보다 뒤처져 있었지만, 이 시기를 거치며 발전을 이루었다. 18세기에 소수의 일본 의사들은 해부학 연구를 시작했다. 1754년 그들 중 한 명이 《조시Zoshi》(혹은 《내장기관에 대하여On the Internal Organs》)라는 최초의 국소해부학 교재를 펴냈다.[16] 더욱 인상적인 것은 1805년 하나오카 세이슈Hanaoka Seishu 라는 외과의가 새로운 일본 마취제 쓰우센산通仙散을 사용하여 수술했다는 사실이다. 서양에서는 아직 에테르가 도입되지 않았던 때이므로 이는 전신마취제를 사용해 이루어진 세계 최초의 외과 수술로 여겨진다.[17] 병원에서 불과 1~2마일 떨어진 곳에서는 궁술을 연마하는 봉건 시대 병사들의 모습을 찾아볼 수 있었다.

도쿠가와 시대에 이루어진 진보의 마지막 사례는 소매상품 분야다. 1813년, 앞서 언급했던 러시아 해군 대령 바실리 골로브닌은 일본 상점 몇 군데를 방문했다. 이는 일본 북쪽 끄트머리에 있는 작은 지방 도시에서의 일이었다.

그가 진열대에서 발견한 것은 러시아나 미국에서 향후 수년간 볼 수 없을 광경이었다. 포장되어 있고 가격도 책정된 상품들이 줄지어 놓여 있었던 것이다. 골로브닌 대령은 사실상 모든 상품에 "가격, 사용법, 상품명, 생산한 사람이나 공장의 이름, 그리고 종종 일종의 추천 따위가 적힌 계산서"가 붙어 있다는 점에 깊은 인상을 받았다. 사실상 구입 시점의 광고였던 셈이다. 그는 이어 이렇게 썼다. "담배, 포마드, 가루 치약, 그 밖에 여러 물품이 품질과 가격에 대한 안내문이 인쇄된 종이로 포장되어 있었다."[18] 1813년 미국 상점에는 크래커나 피클, 나사못 더미 등이 있었겠지만, 현대적인 포장과 가격 책정은 없었을 것이다.

하지만 도쿠가와 시대의 활력은 아마도 페리 제독의 내항 이후 일본을 방문한 첫 번째 외국인 세대의 증언에서 가장 선명하게 드러날 것이다. 예컨대 보스턴 과학자 에드워드 모스Edward Morse*와 영국 외교관 러더퍼드 올콕Rutherford Alcock† 같은 서양인들은 낙후된

---

* 미국의 동물학자, 고고학자, 동양학자. 1877년 이후 꾸준히 일본에서 활동하고 일본 연구에 전념하여 '일본 고고학의 아버지'라는 별칭을 얻었다.

† 에도 막기 말부였던 1858년부터 1864년에 걸쳐 처음으로 일본에 체류했던 영국 외교관이다. 1861년 미토 출신의 양이파 낭인들이 영국 공사관을 습격했던(도젠지 사건) 당시 영국 공사이기도 했다.

나라를 만나리라고 생각했다. 하지만 그들은 1610년 돈 로드리고가 마주한 낙후함보다 더 많은 것을 찾아내지는 못했다.

예를 들어, 모스 교수는 "도쿄의 사망률이 보스턴보다 낮음을 알고 놀랐다."[19] 뉴욕도 마찬가지였다. 뉴욕에 장티푸스 메리Typhoid Mary*는 아직 나타나지도 않은 시점이었다. 도쿄에는 장티푸스 같은 질병이 아예 존재하지 않았다. 모스는 그 원인을 조사했는데, 일본인들이 위생공학에서 훨씬 앞서 있어서였다. 일본을 가로질러 닛코日光[일본 도치기현 북서부에 위치한 도시]로 향하는 60마일(약 96킬로미터) 여행길에 올랐을 때 그는 비슷한 놀라움을 느꼈다. "도시 밖에서, 뉴잉글랜드에서 본 어떤 도로보다 훨씬 좋은 도로"를 따라가고 있어서였다.[20] 칼을 찬 우스꽝스럽고 작은 동양인들에게 그런 도로가 있어서는 안 되는 것이었다.

다른 방문자들은 자신이 목격한 것에 대한 놀라움을 기록으로 남겼다. 예를 들어, 에치고越後[지금의 니가타新潟]에서 운영되던 유정油井은 미국 최초의 유정보다 30년 앞서 있었다는 것,[21] 매우 효율적인 재활용으로 인해 일본에서는 쓰레기를 찾아볼 수 없었다는 것,[22] 대부분의 서양 국가보다 더 거대한 상선商船을 보

---

* 미국 최초의 무증상 장티푸스 보균자 메리 맬런Mary Mallon (1869~1938)의 별칭으로, 질병을 퍼뜨리는 사람을 일컫는 용어로 쓰이기도 한다.

유하고 있었다는 것[23] 등이었다.

이쯤에서 그들 자신의 말을 인용하도록 하자. 일본에서 봉건 시대가 끝나갈 무렵에, 그리고 놀라운 속도의 산업혁명이 시작되기 직전에, 이 나라에 대해 외국인들이 내린 다섯 가지 판단이 있다. 당시 일본은 3000만 인구에, 자급자족이 가능했으며, 오염되지 않았고, 200년 동안 안정된 상태로 존재해왔고, 몹시 아름다운 나라였다. 물론 1979년의 일본은 이 중 어느 것에도 해당되지 않는다.[24]

"나는 곳곳에서 당신 자녀들이 행복하게 웃음을 터뜨리는 소리를 들었지만, 결코 비참함은 찾을 수 없었다." 헨리 휴스킨Henry Heusken,* 1857년 미국 공사관의 제1서기관.[25]

"사람들은 모두 깨끗해 보였고, 잘 먹었고, 잘 입었고, 행복해 보였다. 이는 내가 다른 어떤 나라에서 본 것보다도 순수하고 정직한 황금시대와 닮은 모습이었다." 타운센드 해리스Townsend Harris,† 1858년 미국 총영사.[26]

"나는 평화, 풍요, 뚜렷한 만족, 그리고 더 완벽하

* 미국 주일공사 타운센드 해리스의 통역관으로, 일본에서 체류하던 중 1861년 1월 14일 사쓰마 출신 양이파 낭인들의 습격으로 칼에 맞아 사망했다.
† 미국 외교관으로, 1855년 초대 미국 주일공사로 임명되어서 1858년 미일수호통상조약을 체결했다.

일본인들의 눈을 통해 본 19세기

이는 중세가 아닌 1815년에서 1820년 사이의 한 장면이다. 이는
나폴레옹의 삶을 다룬 동시대 일본 그림이다. 그는 세인트헬레나St.
Helena에 유배되어 영국 병사 네 명의 감시를 받고 있다. 물론 실제로
세인트헬레나에 있던 영국군은 갑옷을 입지도, 창칼을 들고 있지도
않았다.

게 경작되고 유지되는 영토를 봤다. 또한 여기저기에 있는 관상용 삼림은 영국보다도 더 많았다." 러더포드 올콕, 1860년.[27]

"우리가 일본에 문명화를 호소한다는 것은 사실이 아니다. 그곳에는 이미 문명이 자리 잡고 있기 때문이다. 이교도들을 개종시킨다는 것도 마찬가지다. 그런 시도는 우리가 동의한 조약에 의해 엄격하게 금지되어 있기 때문이다. 그들에게 행복을 더해준다는 것도 마찬가지다. 그 이상 만족스러워하는 사람들은 존재하지 않기 때문이다. 우리에게 이익을 안겨줄 교역 외에는 세상의 어떤 목적도 없다는 뜻이다." 에드워드 배링턴 드 퐁블랑크Edward Barrington de Fonblanque 장군, 1861년.*[28]

"외국인은 자신이 일본인들에게 모든 것을 가르칠 수 있으리라고 생각하지만, 일본에 몇 달간 머무른 뒤에는 (우리 고향에서는 도덕 교육의 몫인) 인간성이라는

---

*   [원주] 퐁블랑크 장군 자신이 일본에서 행한 일은 오직 서양인들만이 타락할 수 있다는 그의 암시를 뒷받침한다. 그는 당시 영국군이 중국에서의 전투에서 쓸 기병용 말을 매입하고자 일본에 갔다. 그는 종마 수천 필을 샀다. 종마를 선호했기 때문이 아니라, 거세한 말이 없어서였다. 그는 이렇게 썼다. "거세는 야만적이고 잔인한 행위로 간주되었고, 도입될 것 같지 않았다."[29]
이어 그는 자신이 행한 야만적이고 잔인한 행위를 소개했다. 그는 영국에서 낙인 도구를 가져왔다. 이 종마들은 이제 여왕의 말들이 된 것이다. 그 말들이 펄쩍 뛰며 비명을 지를 때, 그는 생경한 외국어인 VR을 낙인으로 새겼다.

이름의 미덕과 자질을 일본인들은 천부적으로 타고났다는 사실을 서서히 깨달으면서 놀라움과 분함을 느낀다." 에드워드 모스, 도쿄국제대학교 동물학 교수, 1877년. (그는 훗날 미국과학발전아카데미의 학회장이 된다)[30]

이 중 어떤 것도 일본인들이 한때 총을 가지고 했던 것을 이제 전 세계가 플루토늄을 갖고 할 수 있으리라는 말을 전혀 입증하지 못한다. 17세기 일본의 상황은 오늘날의 어떤 군사 세력과도 현저히 다르다.

일본의 경험이 입증하는 바는 두 가지다. 첫째, 성장이 억제된 경제는 풍요롭고 문명화된 삶과 완벽하게 양립할 수 있다. 둘째, 인류는 대다수 서양인들이 생각하는 것만큼 자신의 지식과 기술의 수동적인 희생자라고 볼 수 없다. 사람들은 흔히 이렇게 말한다. "진보는 멈출 수 없다." 혹은, 과학자들은 "인간이 할 수 있는 것은 곧 인간이 하게 될 것이다"라는 말을 특히 좋아한다. 이 말대로라면, 인간이 DNA 코드를 바꾸는 법을 알게 된다면 그것을 실천에 옮기는 것은 필연적인 일이다. 초대형 유조선을 만드는 기술이 존재한다면 소형 유조선으로 돌아갈 수 없다. 하물며 범선은 말할 것도 없다. 만약 컴퓨터가 '생각'이라는 단어 아래 얽힌 과정들 대부분을 수행하는 데 인간보다 더 효율적이라면, 컴퓨터가 대부분의 생각을 도맡게 될 것이다.

이는 진보라는 것은 (이 규정하기 힘든 개념을 누가 어떻게 정의하든) 흡사 신격神格을 지닌, 인간 통제에서 벗어난 불가항력적인 무언가라는 말이다. 물론 그렇지 않다. 그것은 우리가 인도할 수 있고, 지휘할 수 있고, 심지어 멈출 수도 있는 것이다. 인간은 기억하기를 선택할 수도 있고, 망각하기를 선택할 수도 있다. 바로 다네가 섬에서 그랬던 것처럼.

주

서문

1   순수주의자들은 이런 주장에 반대할 것이다. 일본인들은 수 세기
동안 화약과 친근하게 지냈다. 또한 그들은 유럽인들이 일본에
도착한 것보다 적어도 270년 전에 '데쓰호tetsuho'(철관이라는
뜻이다)라는 원시적인 중국 총을 접한 바 있다. 그들이 자신들만의
데쓰호를 몇 정 보유했다는 증거들도 있다. 하지만 가늠자도,
방아쇠도 없는 이 단순한 무기는 전쟁이나 민족의식에 별 영향을
미치지 못했다. S. R. 턴불은《사무라이: 전쟁사The Samurai: A Military
History》에서 이렇게 말했다. "포르투갈인들이 가져온 무기는 그들
나라에 도착한 최초의 진짜 '화약 무기'임이 틀림없다."(Turnbull,
S'amwrm, p. 137.)

2   이러한 믿음은 온전한 신화로 거듭났다. 초기 기독교 선교단에
관한 후대 일본인들의 서술은 그들을 철저하게 현실 정치의
개념에 입각해 묘사하고 있다. 어느 유명한 18세기의 서술은
이렇게 시작한다. "어느 날 남쪽 야만인들의 왕이 자문단에게
말했다."("남쪽 야만인들"은 포르투갈과 에스파냐 사람들을 말한다.
그들은 1580년부터 1640년까지 실제로 왕을 공유했다) "'짐은 동쪽
끝에 일본이라는 나라가 있고, 그곳에는 금은보화가 가득하다는
말을 들었다. 어찌하여 그 땅은 짐의 통치를 받아들이지 않고,
짐의 영토에 포함되지 않는 것인가?' 그러자 장군 한 명이 그것은

(노골적인 침공으로는) 불가능하다고 답한다. '일본인들은 무력으로 굴복시키기에는 너무 용감한 전사들입니다. 종교를 통해 우리가 그 땅의 주인이 되는 것이 최선입니다.'" 일본인들의 3분의 1을 개종시킨 후에 군대를 파견하라는 것이 장군의 조언이었다. (Otis Cary, *A History of Christianity in Japan*, p. 243.)

3 지난 200년간 익히 알려진 사례는 아런트 빌럼 페이트Arend Willem Feith라는 네덜란드 상인의 무지함이다. 페이트는 1760년대와 1770년대에 걸쳐 14년을 데지마 섬에서 보냈고, 다섯 명의 사절을 도쿄 막부로 데려갔다. 네덜란드인들이 일본 본토에 발을 딛는 것이 허락되는 것은 오직 연례 사절을 보낼 때뿐이었다. 이 상인은 14년 동안 막부를 다섯 번이나 방문했음에도 쇼군의 이름조차 제대로 알지 못했다. (C. R. Boxer, *Jan Compagnie in Japan*, pp. 139–140.)

1장

1 Allan B. Cole, ed., *Yankee Surveyors in the Shogun's Seas*, p. 43.

2 See James Murdoch, *A History of Japan*, II, pp. 485 and 489–490; and Cary, *Christianity in Japan*, p. 161.

3 *Encyclopaedia Britannica*, 6th ed., IX, p. 37.

4 이 사건에 관한 문헌이 있다(1558~1569년 사이에 작성되어서 1614년에 출판된 *Peregri-TtaczoTi*). 이에 관한 초기 유럽의 서술에는 오류가 다소 포함되어 있는데, 3세기 이상의 시간이 흐르면서 점차 수정되고 있다. 내가 발견한 가장 확실하고 믿을 만한 설명은(이는 유럽 및 일본에서 알려진 모든 자료를 조화시키려는 시도이기도 하다) 아리마 세이호의《화약 무기의 기원과 그 초기 전파The Origin of Firearms and Their Early Transmission》615~633쪽에 실려 있다.

5 Peter Pratt, *History of Japan, Compiled From Records of the English East India Company*, I, p. 265.

6 Margaret T. Hogden, *Change and History: A Study of the Dated Distribution of Technological Innovations in England*, pp. 181–182.

7　Delmer M. Brown, 'The Impact of Firearms on Japanese Warfare,' p. 238. Arima, *Kaho no Kigen to Sono Denryu*, p. 662도 참고하라. 당시 오다 노부나가는 16세로 막 영지를 물려받은 참이었다. 그의 총포 선생이었던 하시모토가 사실상 이런 지시를 유도한 것으로 보인다.

8　Quoted in Louis-Frederic, *Daily Life in Japan at the Time of the Samurai*, p. 173.

9　A. L. Sadler, *The Maker of Modern Japan*, p. 53. "장군은 1560년 6월 22일 도쿠가와 이에야스에게 함락된 마루네 요새를 지휘하고 있었다. '화승총의 집중 포화를 잘 활용하라.'"(Turnbull, *Samurai*, p. 144.) 이는 총이 유입된 지 17년 후의 일이었다.

10　Henry James Coleridge, *The Life and Letters of St. Francis Xavier*, II, p. 331. 성 프란체스코는 일본의 칼을 찬양했다. 그는 1551년 분고Bungo의 영주를 방문하여 "무릎을 꿇고 영주의 언월도에 입을 맞췄다. 이는 일본에서 깊은 존경심을 표하는 행동이었다." Coleridge, *St Francis*, II, p. 315.

11　K. Glamann, 'The Dutch East India Company's Trade in Japanese Copper,' p. 59.

12　Carlo M. Cipolla, *Guns and Sails in the Early Phase of European Expansion*, 1400-1700, p. 51n.

13　Ibid., p. 35n.

14　Pratt, *History of Japan*, I, p. 22.

15　Donald F. Each, ed., *Asia on the Eve of Europe's Expansion*, p. 149.

16　Sir Richard Temple, ed., *The Travels of Peter Mundy*, III, Pt. I, pp. 294-295.

17　일본은 유럽 국가들보다 1000년 정도 빨리 대량 생산할 역량을 갖추고 있었다. 내가 아는 가장 눈에 띄는 사례는 764년 쇼토쿠 천황이 내린 칙령으로서, 긴 종이 두루마리에 인쇄된 불경 네 개가 담긴 초소형 목탑 100만 개를 제작하라는 것이었다. 이 칙령은 770년에 완료됐다. 천황은 이 초소형 목탑들을 대형 사찰 열 곳에 각각 10만 개씩 보냈다. 그중 대부분은 1200년의 세월을 거치며 망실되었다. 그러나 호류지法隆寺에는 아직 상당수가 남아 있다. 세일럼의 피바디박물관에도 하나 있다. (F. A. Turk, *The Prints of*

Japan, p. 28; Money Hickman and Peter Fetchko, *Japan Day by Day: An Exhibition Honoring Edward Sylvester Morse*, pp. 56-57.)

18 Francesco Carletti, *My Voyage Around the World*, tr. Herbert Weinstock, p. 32.

19 Ludwig Riess, 'History of the English Factory at Hirado,' pp. 54-55.

20 Boxer, *Christian Century*, p. 68.

21 Amoldus Montanus, *Atlas Japannensis*, p. 65.

22 George Cameron Stone, *A Glossary of the Construction, Decoration and Use of Arms and Armor*, p. 318.

23 Inami Hakusui, *Nippon-To, the Japanese Sword*, p. 118.

24 Boxer, *Christian Century*, p. 62.

25 Donald F. Lach, *Asia in the Making of Europe*, vol. 1, book 2, p. 665. 예를 들어, 1547년 아시카가에는 3000여 명의 학생들이 있었다. (Boxer, *Christian Century*, p. 44.) 20세기까지 옥스퍼드도, 케임브리지도 그만한 규모에는 미치지 못했다.

26 Boxer, *Christian Century*, p. 29.

27 Frederic, *Daily Life*, p. 231.

28 George B. Sansom, *The Western World and Japan*, p. 174.

29 Murdoch, *History of Japan*, II, p. 481.

2장

1 Walter Dening, *The Life of Toyotomi Hideyoshi*, p. 74.

2 Charles Oman, *History of the Art of Warfare in the XVI Century*, p. 22.

3 Colonel Ernest M. Lloyd, *A Review of the History of Infantry*, p. 105. 그는 험프리 바윅Humphrey Barwick의 1594년 진술을 인용하고 있다. 뛰어난 궁사는 분당 열 대의 화살을 쏜다. 소형 화승총의 경우, 시간당 40발을 쏜다. 대형 화승총의 경우 시간당 25발을 쏜다. 리처드 W. 바버Richard W. Barber는 《기사와 기사도Knight and Chivalry》 196쪽에 화살을 쏘는 속도가 분당 열두 대라고 썼는데, 이에 따르면 그 격차는 더 벌어질 것이다.

4   John U. Nef, *War and Human Progress*, p. 32.

5   Donald Keene, ed. and tr., *Four Major Plays of Chikamatsu*, p. 71.

6   James W. Thompson, *The Wars of Religion in France, 1559-1576*, p. 383.

7   Kenneth Dean Butler, 'The *Heike Monogatari* and the Japanese Warrior Ethic,' p. 105.

8   Letter to the author from Professor Kiyondo Sato, who is drawing on *Koyo Gunkan* and other sources.

9   Colonel Arcadi Gluckman, *United States Rifles, Muskets, and Carbines*, p. 28.

10   Brown, 'Impact of Firearms,' p. 239.

11   Sadler, *Maker of Modern Japan*, p. 105. 나가시노에 관해 유용한 글은 다음과 같다. Sadler, pp. 100-105; Turn-bull, *Samurai*, pp. 156-160; Michael Gibson, *The Samurai of Japan*, p. 53; George B. Sansom, *A History of Japan, 1334-1615*, pp. 287-288. 이 중에서도 턴불의 책에 실린 지도가 가장 훌륭하다.

12   Arima, *Kaho no Kigen to Sono Denryu*, p. 664. 죽음을 맞은 1582년, 오다 노부나가는 대규모 대포 공장을 세웠다. 그는 대포를 만드는 데 필요한 동을 얻기 위해 사찰의 범종들을 녹였다. (Sansom, *A History of Japan, 1334-1615*, p. 309.)

13   그러나 일본인들은 소형 대포를 훌륭하게 만들어냈다. 1874년 일본에 체류했던 한 서양 금속공학자가 17세기 초 대포 제작에 쓰였던 청동 네 종류를 분석한 바 있다. "이 오래된 포들은 감탄스러울 만큼 훌륭하게 제작되었고, 서양식 기계의 도움 없이도 그런 거대한 금속 제품을 주조할 수 있었던 일본인들의 빈틈없는 솜씨를 보여준다."(A. J. C. Greets, 'Useful Minerals and Metallurgy of the Japanese', p. 48.) 그리츠 박사는 1874년에 이미 이런 오래된 포는 귀해졌음을 덧붙였는데, 앞선 10년 동안 유럽의 고철상들이 그것을 수백 개씩 사들여서는 자기들 고향으로 가져가 녹여버렸기 때문이다. 그렇게 녹인 청동 중 일부는 결국 교회의 종이 되었을 것이다. 어떤 면에서 이는 하나의 순환이 완료된 셈이다. 사찰의 종에서부터 대포를 거쳐 교회의 종이 되는 것.

14   T. C. Smout, *A History of the Scottish People, 1560-1830*, p. 103.

15 John Hill Burton, *History of Scotland*, V, pp. 293-294.

16 Oman, *History of Art of Warfare*, p. 474. See also H. M. Baird, *The Huguenots and Henry of Navarre*, pp. 429-436, and Philippe Erlanger, *La Monarchie Frangaise, 1515-1715*, vol. III, *Les Guerres de Religion*, p. 174. 화형 당할 때 시편 118편을 외웠던 개신교도들은 그 승리를 순전히 하나님 덕분으로 돌렸다. 그러나 사실은 조외즈 공작의 동생을 죽인 화승총과 공작을 죽인 권총 덕분이었다. (Erlanger, *La Monarchies*, III, p. 174.)

17 Nef, *War and Human Progress*, p. 91.

3장

---

1 Stone, *Glossary of Arms,* p. 61. 서양인들 시각에서 볼 때 일본 갑옷은 다소 기이하다. 그러나 그것은 입기에 편하다. "완전 무장을 해도 25파운드에 불과하며, 갑옷을 입고도 달리거나 뛰어넘기가 쉽다."(Gibson, *Samurai*, p. 29.)

2 Sakakibara Kozan, *The Manufacture of Armour and Helmets in 16th Century Japans*, p. 76. 이 이야기는 Stone, *Glossarys*, p. 472에도 등장한다.

3 예컨대 영국군 전체가 보유한 총기 수는 일본 봉건 영주 여섯 명 중 어느 한 명이 가진 수보다도 적었다. 영국 측 수는 일본 측 수만큼이나 정확하게 파악하기 어렵다. 이는 단지 중앙정부뿐 아니라 수없이 많은 지방정부, 젠트리 계급 개인, 심지어 성직자들까지도 총기나 다른 무기를 비축하고 있었기 때문이다. 중앙정부에는 이를 관리하는 당국이 없었고, 군대 자체도 상비군이 아니었으며, 그렇다고 해서 일본에서처럼 봉건 영주들이 부담을 떠맡은 것도 아니었다. 그것은 봉건 영주들이 부담하는 것과 국가적 징발 사이의 애매한 형태였다. 물론 중앙정부의 기록은 거의 없다. 하지만 파악 가능한 수도 일부 있다. 예를 들어 1569년 영국 추밀원은 적이 침공했을 때 동원 가능한 병사와 무기의 수를 파악하기 위해 영국 전역을 조사했다. 물론 추밀원은 조사 결과를 발표하지 않았으나, 첩자를 통해 이를 알아낸 프랑스 대사는

파리에 다음과 같이 보고했다. "병사들의 수는 2만 4000명이고, 그중 6000여 명이 총을 갖고 있습니다." (Lindsay Boynton, *The Elizabethan Militia, 1558-1658*, pp. 62-63.)

이 조사 이후로 영국은 급속히 장궁에서 총기로 옮겨 갔고, 1569~1600년 사이에 화승총 수는 급증했다. 하지만 일본에서 그 수는 더 빠르게 증가했다(물론 일본은 인구가 여섯 배나 많았다). 여기 한 가지 비교가 있다. 1589년, 엘리자베스 여왕은 프랑스 왕위를 노리는 나바르Navarre의 앙리를 돕고자 군대를 파견했다. 4개 연대에 3600명의 병사로 구성된 이 군대는 윌러비Willoughby 경이 지휘했다. (추밀원에 따르면) 이상적으로 말해서 1개 연대는 60%의 총병, 30%의 창병, 10%의 미늘창병으로 구성되어야 했다. 하지만 현실적으로 런던, 켄트, 서식스, 햄프셔 연대에는 30%의 총병, 60%의 창병, 10%의 미늘창병을 갖출 것이 요구되었다. (G. C. Craic Vshsink, *Elizabeth's Army*, pp. 114, 237-244.)

실제로 이 연대들이 소집됐을 때, 거의 모든 연대가 총이 부족했다. 햄프셔 연대는 26정이 전부였고, 이는 채 3%도 되지 않는 것이었다. 런던탑 무기고에서 여벌의 총 300정을 제공해 부족한 양을 메울 수는 있었지만, 프랑스로 향하는 이 군대 전체가 보유한 총기는 여전히 1100정 미만이었다. (Ibid., pp. 243-244.)

이보다 5년 앞선 일본에서는, 당시 일본의 68주 중 한 주의 일부를 통치하던 류조지 다카노부龍造寺隆信가 한 전투에 참전했는데, 당시 그가 거느렸던 2만 5000명의 병력 중에는 9000명의 총병이 포함되어 있었다. "그들의 화승총은 장총이라 불러도 될 만큼 거대했다." (Murdoch, *History of Japan*, II, p. 220.)

인구 차를 감안하더라도, 화약 무기 대량 생산에서 어느 쪽이 앞서 있었는지는 명확하다.

4 Dening, *Toyotomi Hideyoshi*, p. 177. 이 이야기의 다른 버전에서는 활이 등장하지 않고, 다만 그의 왼팔이 총탄에 으깨질 때까지 창을 들고 싸웠다고만 언급될 뿐이다. 이때 그는 불타는 궁전으로 들어가 그곳에서 스스로 목숨을 끊고 불길 속에 사라져갔다. (Turnbull, *Samurai*, pp. 163-164; Murdoch, *History of Japan*, II, pp. 176-178.)

5 Dening, *Toyotomi Hideyoshi*, p. 206; Turnbull, *Samurai*, p. 171.

6   그리고 분명 지휘용 부채를 휘둘렀을 것이다. Turnbull, *Samurai*, p. 176.

7   Murdoch, *History of Japan*, II, p. 369.

8   이 계획은 "히데요시와 동시대 사람들에게 상상 속 이야기나 비현실적인 이야기로 느껴지지 않았다." 오히려, 그들은 그가 중국을 정복할 것을 당연시했다. 침공하기 한참 전부터 일본 봉건 영주들 중 일부는 중국의 어느 지역을 자신의 영지에 보탤지를 논의하고 있었다. 그들 중 하나가 (중국 저장성의) 타이슈Taishu 공 앞으로 보낸 편지 한 통이 남아 있다. 비슷하게, 히데요시는 천황에게 교토에 분가를 남겨두고 중국으로 영구히 이주할 것을 권했고, 천황은 이를 받아들였다. (Giuliana Stramigioli, 'Hideyoshi's Expansionist Policy on the Asiatic Mainland,' p. 100.)

9   시마즈 부대에 관해서는 *Asia on the Eve* 149쪽을 참고하고, 다치바나 부대에 관한 숫자는 기온도 사토 교수의 *drawing on Nihonsaikyoshi*와 기타 자료들을 참고한 것이다.

10 J. L. Boots, 'Korean Weapons and Armour,' p. 24. 스톤은 조선인들이 본뜬 중국 무기들이 16세기 세계에서 제작된 것들 중 최악이었다고 여겼다. 그것들에는 조준경이 없었기 때문이다.

11 Ibid., p. 25. 물론 조선의 자료에는 다소 과장이 섞여 있을 것이다. 화승총에는 선조旋條가 새겨진 총열이 없고, 일반적으로 그렇게 정확하지 않았다. 1571년 영국 포츠머스에서 헨리 래드클리프Henry Radecliff 경이 100명의 수비대 병사들을 사열했을 때, 그는 23명이 정상적으로 작동하는 화승총을 갖고 있는 것을 발견했다. 그는 병사들에게 사격을 시켰는데, "80야드 안에 있는 표적을 5피트 차이로 맞춘 병사는 다섯 명도 되지 않았다."(Boynton, *Elizabethan Militia*, p. 113).
중형 측정기가 장착된 무기를 지닌 일본 명사수들은 의심할 나위 없이 그보다 총을 잘 쏘았다. 그러나 500피트 거리에 있는 동전 구멍을 맞추는 일은 거의 없었다.

12 Brown, 'Impact of Firearms,' p. 239.

13 Carletti, *My Voyage*, p. 112. 사무라이들이 사냥을 할 때는 총을 사용하면서도 전투에서는 그러지 않았던 것은, 중세 유럽 기사들이 사냥에서는 활을 기꺼이 사용했지만 전투에서는 그러지 않았던

것과 흡사하다. (A. T. Hatto, 'Archery and Chivalry: A Noble Prejudice,' pp. 41-45.) 둘 모두 하토가 "미사일 무기에 따라붙는 오명"이라 부른 것에 해당하는 사례. 베트랑 드 바수브Bertrand de Bar-sur-Aube의 13세기 시 〈지라르 드 비안의 이야기Le Roman de Girard de Viane〉에 나오는 영웅은 그런 오명의 근원을 드러내는 말을 한다. "처음으로 궁수가 되었던 자에게 저주를. 그는 겁쟁이여서 감히 다가오지 못했다." (Barber, *The Knight and Chivalry*, p. 196.)

14 Brown, 'Impact of Firearms,' p. 241. 대포 또한 수요가 있었다. 1593년 어떤 장군은 고향으로 보내는 편지에 이렇게 썼다. "얼마 전에 나는 대포에 관해 너와 의논하기 위해 전령 두 명을 보냈다. [그리고 나는 재차 주장하건대] 너는 더 많은 대포를 보내야 한다. 크기는 중요치 않다. 주변을 탐문해서 찾아내는 대로 많이 보내달라." (Brown, 'Impact of Firearms,' p. 244.) 대포는 조선의 성을 공격하기 위해 필요했다.

4장

---

1 Nef, *War and Human Progress*, p. 137.

2 이 좌담은 그의 사후에, 지구 반대편에서 다케다 신겐이 미래의 무기라며 총을 환영하던 바로 그해에 출간된 책에 실려 있다. H. L. Mencken, *A New Dictionary of Quotations*, New York: Alfred A. Knopf, Inc., 1942, p. 140.

3 Henry IV, *Part One*, I, iii, pp. 63-64.

4 Mikiso Hane, *Japan: A Historical Survey*, p. 166.

5 Letter to the author from Professor Lawrence Stone, History Department, Princeton.

6 Antonio de Morga, *Sucesos de las Islas Filipinas*, p. 318.

7 *History of the Empire of Japan*, p. 307. 일본 측 우두머리는 유명한 야마다 나가마사였다. 그는 스루가의 한 주방용품 상인의 아들로 시암의 섭정이 된 인물이다. 그에 관한 훌륭한 자료로는 다음을 보라. Tadashige Mat-sumoto's *Stories of Fifty Japanese Heroes*, Tokyo: Kosei-kaku, 1929.

8 Ryusaku Tsunoda, trans., *Japan in the Chinese Dynastic Histories*, p. 143.

9 John Whitney Hall, *Japan From Prehistory to Modern Times*, p. 180.

10 초기 도검 감정인에 관해서는 다음을 참조하라. Alfred Dobree, *Japanese Sword Blades*, p. 9. 최근에 관해서는 다음을 참조하라. Junji Homma, 'A History of Japanese "Old Swords,"' p. 253.

11 Hakusui, *Nippon-To*, p. xvii.

12 Ruth Benedict, *The Chrysanthemum and the Sword*, p. 296.

13 Sadler, *Maker of Modern Japan*, pp. 80, 106. 청년은 도쿠가와 이에야스에게게서 칼을 받았다. 이에야스 자신은 5년 전 같은 상황에서 그 칼을 받았다. 즉 그가 화승총을 사용했던 전투 이후에 받았던 것이다.

14 Arima, *Kaho no Kigen to Sono Denryu*, p. 667. 의례에 총이 사용되지 않았다는 말은 아니다. 예컨대 1596년 호조北條 가문의 일원과 선물을 교환하는 과정에서 이에야스는 명검 두 자루와 더불어 '남만南蠻'의 철에 상감무늬가 새겨진 총을 선물로 보냈다. (Sadler, *Maker of Modern Japan*, p. 142.) 한동안 그런 선물은 상당히 일반적인 것이었다.

15 Nef, *War and Human Progress*, p. 129.

16 Ibid., p. 245.

17 Boxer, *Christian Century*, p. 245.

18 Japanese Ms. 53, 'Inatomi-ryu Teppo Densho,' Spencer Collection, New York Public Library.

19 이나토미 또한 유명한 총기 제작자다. 전해지는 이야기에 따르면, 도쿠가와 이에야스가 두루미 사냥을 나갔을 때 약 120야드 떨어진 곳에 유독 빼어난 두루미 한 마리가 있는 것을 발견했다. "평범한 총으로는 잡을 수 없겠군." 그는 그렇게 말했을 터다. 그리고 그는 이나토미 가이키가 준 특별한 총을 갖고 있었다. 그는 그 두루미를 쏴 맞췄다. (Sadler, *Maker of Modern Japan*, p. 348.)

5장

1 See Gibson, *Samurai*, p. 52; Sansom, *Japan: A Short Cultural History*, p. 433n; Sadler, *Maker of Modern Japan*, p. 229.

2 Arima, *Kaho no Kigen to Sono Denryu*, p. 657.

3 Ibid., p. 669.

4 John U. Nef, *Industry and Government in France and England, 1540-1640*, p. 61.

5 *Statutes of the Realm*, III, p. 215.

6 Paul L. Hughes and James F. Larkin, eds., *Tudor Royal Proclamations*, I, pp. 177-179.

7 *Statutes of the Realm*, III, p. 457.

8 Ibid., III, p. 132.

9 *Tudor Royal Proclamations*, III, p. 261.

10 Arima, *Kaho no Kigen to Sono Denryu*, p. 670.

11 Junji Homma, *The Japanese Sword*, p. 58.

12 Ibid., p. 207.

13 Arima, *Kaho no Kigen to Sono Denryu*, p. 671.

14 Ibid., pp. 676-677.

15 화약 무기가 수행하게 된 작은 역할은 18세기 일본의 위대한 무기 전서인 《혼조군키코本朝軍器考》에 드러나 있다. 이는 역사가 아라이 하쿠세키Arai Hakuseki가 1737년에 펴낸 열두 권짜리 전서로, 그중 한 권이 화약 무기를 다루고 있었다. 하지만 워터하우스D. B. Waterhouse가 지적한 바와 같이 "그가 화약 무기를 호기심의 대상 이상으로 여겼던 기색은 없다."('Fire-arms in Japanese History; With Notes on a Japanese Wall Gun,' p. 95.) 워터하우스는 이어 말하기를, "그는 실전 경험을 별로 드러내지 않는다. 그는 한 대목에 이렇게 썼다. '붉은 야만인들의 대포는 철로 만든 구체를 20리(약 49마일) 이상 날려 보낸다. 굉장히 놀라운 일이다.'"(Waterhouse, 'Fire-arms,' p. 98. "붉은 야만인들"이란 남쪽 야만인들이나 포르투갈인, 에스파냐인들이 아닌 네덜란드인들을 뜻한다.) 1740년에는 삽화가 실린 부록 두 권이 추가로 출판됐는데, 여기에 화약 무기 삽화는 전혀 포함되지 않았다.

16 Pratt, *History of Japan*, pp. 243-244, 265.

17 Arima, *Kaho no Kigen to Sono Denryu*, pp. 659-661.

18 Ibid. p. 677.

19 Yosaburo Takekoshi, *Economic Aspects of the History of Japan*, p. 95.

20 Cary, *Christianity in Japan*, I, p. 227.

21 Yoshi S. Kuno, *Japanese Expansion on the Asiatic Continent*, II, p. 340.

22 Robert E. Kimbrough, 'Japanese Firearms,' pp. 464-465.

23 Frangois Caron and Joost Schouten, *A True Description of the Mighty Kingdoms of Japan and Siam*, p. xxxiv.

24 Boxer, *Christian Century*, p. 285.

25 Montanus, *Atlas Japannensis*, p. 352.

26 Boxer, *Jan Compagnie in Japan*, p. 113.

27 Charles Peter Thunberg, *Travels in Europe, Africa, and Asia*, III, p. 51.

28 M. M. Busk (originally published anonymously), *Manners and Customs of the Japanese …From Recent Dutch Visitors of Japan*, pp. 415-416.

29 J. E. Kidder, *Japan Before Buddhism*, p. 57.

30 Pollard, *History of Firearms*, p. 37.

31 V. M. Golovnin, *Memoirs of a Captivity in Japan During the Years 1811, 1812, and 1813*, I, p. 113.

32 Ibid., II, p. 330.

33 Ibid., Ill, pp. 229-230.

34 obert S. Gallagher, 'Castaways on Forbidden Shores,' p. 34.
(중국의 폭죽처럼 먼 거리에서 적을 겁주기 위한) 이런 무대장치 같은 진지들은 19세기 중반 일본에서 지극히 일반적인 것이었다. 페리 제독의 1853년 항해에 보조항법사로 참여한 미국 시인이자 소설가 베이야드 테일러Bayard Taylor는 그에 매료됨과 동시에 약간의 경멸을 느꼈다. 페리 제독의 함대가 일본에 닻을 내린 첫날 밤, 일본인들은 검은 천으로 만든 거대한 진지를 펼쳤다. 다음 날 테일러는 거의 한나절 동안이나 그것을 쌍안경으로 관찰했다. 그는

이렇게 기록했다. "우리가 머무는 동안 그들이 빈번히 반복했던 이런 기만술 때문에 우리는 그들을 존중하기를 단념했다. 하지만 우리의 늙은 갑판수들 중 일부가 이따금 뷰캐넌 선장에게 '선장님, 또 한 폭의 천이 펼쳐졌습니다!'라고 심각하게 보고하는 소리를 듣는 것은 재미있었다." (Bayard Taylor, *A Visit to India, China, and Japan in the Year 1853*, p. 419.)

6장

1 Allan B. Cole, ed., *With Perry in Japan: The Diary of Edward Yorke McCauley*, p. 117.

2 Ryusaku Tsunoda, et ah, eds., *Sources of the Japanese Tradition*, p. 568.

3 Ibid., p. 615.

4 E. W. Clement, 'The Saga and Satsuma Rebellions,' pp. 23–24.

5 Ibid., p. 27.

6 Murdoch, *History of Japan*, II, p. 658.

7 A. C. Maclay, *A Budget of Letters From Japan*, p. 299.

8 F. J. Norman, *The Fighting Man of Japan*, p. 30. 영국군 기병장교 출신인 노먼은 17세기 이래 일본 검술을 완전히 익힌 최초의 서양인이 되었다. 그는 마지막 도쿠가와 쇼군의 검술 사범 아래에서 수련을 시작했다. 그는 "양손을 쓰는 일본 검술 체계는 유럽의 어떤 체계보다도 훨씬 우수하다고 주장했다." (Norman, *Fighting Man*, p. 42.)

9 James H. Buck, 'The Satsuma Rebellion of 1877,' p. 440.

10 Elizabeth T. Nock, ed., 'The Satsuma Rebellion of 1877: Letters of John Capen Hubbard,' pp. 371–372.

11 Bayard Taylor, *A History of Germany*, p. 295. Ha jo Holborn, *A History of Modern Germany*도 참고하라. 홀번은 17세기 중반 중부 유럽 사람들의 삶의 질에 대해 이렇게 말한다. "오직 죽음을 통해서만 나타날 수 있는 야만성이 독일 전역에 자리 잡았다." (Vol. I, p. 354.) 홀번은 팔츠 같은 독일의 일부 국가에서는 인구의

3분의 1만이 살아남았다고 보고했다. 모든 독일 국가를 다 합쳐볼 때, 1618년 약 2000만에 달했던 인구는 1648년 약 1250만 명으로 감소했다. (Vol. II, p. 22-23.)

12 Engelbert Kaempfer, *History of Japan*, III, p. 336.

7장

1 Martine Legge, 'A Dormant Male Talent,' p. 12. John Beckman, *A History of Inventions and Discoveries*, IV, p. 317도 참고하라.

2 Arnold Toynbee, 'Our Tormenting Dilemma,' p. 8.

3 Rene Dubos, quoted in 'Bard College: The Slowing of Technology,' *The New York Times*, June 14, 1971, p. 44.

4 "도쿠가와 시대를 서양과의 첫 번째 만남과 두 번째 만남 사이에 있었던 불행한 정체기로 보는 서양인들의 일반적인 견해는 이제 거의 모든 세계사 교과서에서 거의 자취를 감추고 있다."

5 *Japan, Its Land, People, and Culture*, pp. 334-335.

6 Hideomi Tuge, *Historical Development of Science and Technology in Japan*, p. 44.

7 Ibid., p. 50.

8 Ibid., p. 4.

9 Ibid.

10 *Japan, Its Land, People, and Culture*, p. 463.

11 Reischauer, *The Japanese*, p. 171.

12 Albert Craig and Donald Shively, eds., *Personality in Japanese History*, pp. 131, 134.

13 Ibid., p. 145.

14 Hane, *Japan*, p. 235.

15 Craig and Shively, *Personality*, p. 149.

16 Tuge, *Science and Technology in Japan*, p. 74.

17 Ibid.

18 Golovnin, *Memoirs*, III, 202.

19 Edward S. Morse, *Japan Day by Day*, I, p. 23.

20 Ibid., p. 47.

21 Alfred Crofts and Percy Buchanan, *A History of the Far East*, p. 106.

22 Morse, *Japan Day by Day*, I, pp. 42-43.

23 Mario Cosenza, ed., *The Complete Journals of Townsend Harris*, p. 287.

24 "우리는 세계에서 가장 오염된 나라에 살고 있습니다." Jun Ui, 'A Basic Theory of Kogai,' *Science and Society in Modern Japan*, ed. Nakayama Shigeru et ah, p. 294. Kogai는 넓게는 공해, 좁게는 환경오염으로 번역할 수 있다.

25 Henry Heuskan, *Japan Journal, 1855-1861*, p. 151.

26 Mario Cosenza, ed., *Complete Journals of Townsend Harris*, pp. 440-441, 428-429.

27 Sir Rutherford Alcock, *The Capital of the Tycoon*, I, p. 383.

28 Edward Barrington de Fonblanque, *Niphon and Pe-che-li, or, Two Years in Japan and Northern China*, p. 68.

29 Ibid., p. 61.

30 Morse, *Japan Day by Day*, I, p. 44.